Copyright © Philippe Lenoir, 2022
Édition : BoD – Books on Demand, info@bod.fr
Impression : BoD – Books on Demand, In de Tarpen 42,
Norderstedt (Allemagne)
Impression à la demande
ISBN : 978-2-3223-9764-8
Dépôt légal : Juillet 2022

Guerres pour Troie

La fin de l'age du bronze entre histoire et mythe

> " Toutes les civilisations ont finalement fait l'expérience de restructuration de leurs composants matériels et idéologiques à travers une destruction et une re-création."
>
> Christopher Monroe
> *Scales of Fate (2009)*

© par l'auteur de ce livre. L'auteur conserve les droits d'auteur sur ses contributions à ce livre.

A Mila pour qu'en écoutant les histoires des Dieux et des Héros elle puisse ainsi, selon Aragon, "se souvenir de l'Avenir".

sommaire

Le monde Égéen à l'âge du bronze   6

L'Iliade   16

  - les textes Hittites   18

  - les peuples en présence   24

L'Odyssée   26

  - le témoignage de l'Égypte   26

  - les Peuples de la mer   28

  - les mensonges de l'Odyssée   32

La migration d'Énée: des Teresh aux Étrusques   40

Louvites et Philistins   43

  - La Luwian connection   43

  - les Philistins   46

Destruction - Reconstruction   54

Annexes   59

Bibliographie   64

Le monde Égéen à l'âge du bronze

« Chante, déesse, la colère d'Achille, le fils de Pelée, détestable colère,… »

Ainsi, le premier cri de l'Occident est un cri de colère et celle-ci devient malheureusement le combustible de son histoire, de notre histoire.

Plus que de Troie, l'Iliade nous parle de cela, de cette colère, de cette « *menis* ». Achille préféra dans la mort la gloire immortelle à une vie longue et prospère. Ce ne fut pas le cas d'Ulysse. A la *menis* d'Achille, répond la *metis* d'Ulysse qui nous invite à être un homme préférant sa misérable condition à l'immortalité.

Mais intéressons nous au fond de la scène où se déroule la plus ancienne épopée de notre histoire. Troie vacille, Troie brûle. Des vagues humaines saisissent les navires non pas pour ce retour au pays tant attendu mais par désarroi dans une grande débandade.

La guerre de Troie n'a pas eu lieu mais des guerres pour Troie, dont la dernière engendra des destructions de villes et d'empires et de grandes migrations.

L'homo sapiens fut dès son origine homo locens: autrement dit, avec l'émergence de la pensée, il commence à raconter des histoires et à construire des mythes. De ces récits initialement racontés, Homère avec l'écriture put les coucher sur deux livres qui furent parmi les premiers récits de l'humanité: l'Iliade et l'Odyssée. Avec l'Iliade et la guerre de Troie, Homère nous amène sur les bords de la mer Égée et avec l'Odyssée c'est tout le bassin méditerranéen qu'il nous fait visiter.

Homère vécut à Smyrne vers 850 - 800 av.J.-C., une ville d'Anatolie occupée par les Grecs au sud de Troie. C'est le plus ancien poète que nous connaissons. Les épopées qu'il transcrit furent d'abord racontées oralement comme toutes les autres légendes ou faits historiques glorifiant des héros, tradition qui survivait encore il y a peu dans le Caucase ou en Serbie.

Certains doutent cependant de l'existence d'Homère et pensent plutôt à un groupe d'aèdes, de poètes. Mais qu'importe. On peut dire comme Jorge Luis Borges que « l'Odyssée a été écrit par Homère ou par un autre grec portant le même nom ».

L'Iliade et l'Odyssée furent donc composés en 48 Chants et ce, vers 800 avant J.-C..

Quels événements racontent ils et de quelle époque s'agit il ? Et quels étaient ces peuples de Troie et de Mycènes qui appartiennent tout deux au monde Indo-européen. Et la guerre de Troie a t elle vraiment eu lieu ?

Portrait d'Homère aveugle
réplique romaine d'un original du IIéme Siècle ava. J.C.
marbre du mont pentélique

guerriers Achéens sur un vase de la période Hellénistique (musée national archéologique d'Athènes)

Pour Jean-Pierre Vernant, célèbre historien de la Grèce, « contrairement à ce qu'a prétendu Giraudoux, la guerre de Troie a bien eu lieu." et il ajoute " La raconter après le poète qui l'a fait connaître, Homère, à quoi bon ! Ce ne pourrait être qu'un mauvais résumé. "

Qu'il me soit donc pardonné cette entreprise d'éclairer par de récentes découvertes archéologiques ces histoires qui paraissent de prime abord inventées. Comment aurais-je pu échapper à cette fascination qui a captivé et éveillé toute mon enfance ?

Précisons d'abord que ce furent de brillantes civilisations, Troie comme Mycènes, qui furent révélées grâce à l'intuition géniale et la ténacité d'Heinrich Schliemann, homme d'affaire Allemand et pionnier de l'archéologie. Les trésors trouvés en Grèce et à Troie par ce dernier reflètent un haut degré de culture qui s'étage de 1600 à 1180 avant J.-C., date de la fin de l'âge du bronze pendant laquelle apparaissent les traces de nombreuses destructions (nous aborderons ce point plus loin). Masques en or trouvés à Mycènes, fresques de Tyrinthe, palais richement décorés, salle de conseil avec en son centre le foyer ou megaron, tombes à coupole, … un temps qu'Homère, quatre siècles après, raconte avec certains détails révélateurs d'authenticité. Les spécialistes arrivent à distinguer dans ces récits la part revenant à l'âge du bronze et celle du temps d'Homère, au début de l'âge du fer.

Par exemple pour ce qui appartient au bronze, la civilisation Mycénienne apparaît centrée sur des cités gouvernées par des rois, les wanax, cités-états qui souvent se combattent et parfois s'allient: ainsi Agamemnon menant la conquête de Troie avec l'armée des Achéens confédérés.

Troyens et Mycéniens ou Achéens ont un fond culturel commun, fruit d'invasions indo-européennes venant probablement des Balkans (pélasgiques ?) et du nord de la mer Noire, enrichi des nombreux liens culturels et commerciaux avec la Crète, le moyen orient et l'Égypte. En effet, il s'agit d'un monde ouvert avec une économie globalisée, interdépendante. Les navires sillonnaient alors la mer Égée et bien au-delà vers la Méditerranée occidentale. Les épaves des navires d'Ulu Burun (1300 av. J.-C.) et de Cap Gelidonya (1200 av. J.-C.) coulés au large des côtes anatoliennes recelaient des produits variés de diverses provenances: céréales et amulettes en scarabées d'Égypte, lapis-lazuli et étain d'Afghanistan, cuivre de Chypre, verre de Mésopotamie, armes et poteries Mycéniennes, essence de térébenthine et ébène de Nubie, ...

Les frontières entre ces états étaient fragiles. L'Égypte, la Mésopotamie et l'Assyrie étaient déjà relativement établis dans leurs puissances lorsque des nouveaux venus vinrent troubler cet équilibre: d'abord les Hittites dés le XVI éme siècle puis des peuples turbulents à ses frontières, les grecs (Achéens ou Ahhiyawa), la confédération des états d'Arzawa à l'ouest de l'Anatolie et les Phrygiens au nord.

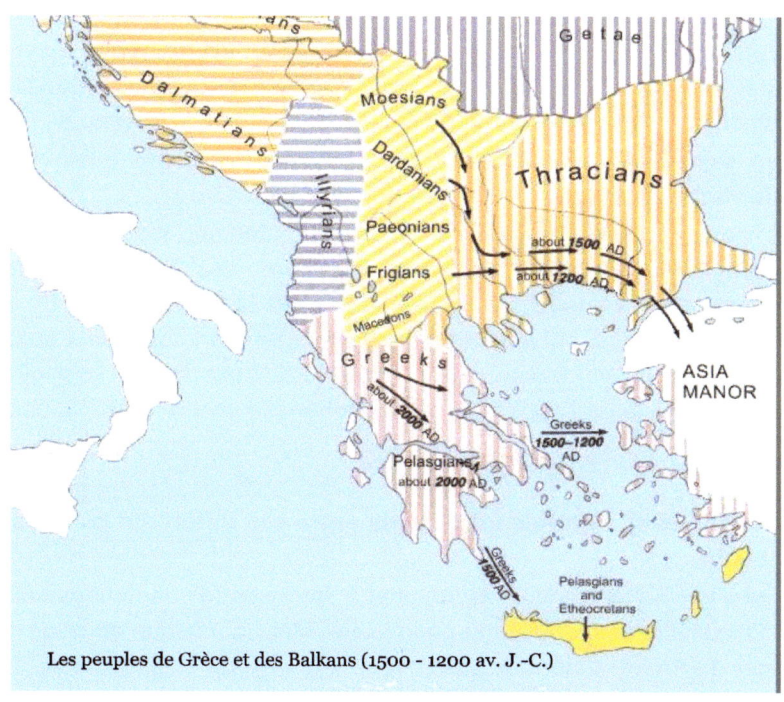
Les peuples de Grèce et des Balkans (1500 - 1200 av. J.-C.)

carte du moyen orient au 13é siècle av. J.-C.
Zunkir, contributeur Wikipedia

Des conflits éclatent pour préserver ou agrandir l'hégémonie de ces peuples. Ainsi la bataille de Qadesh (environ 1274 av. J.-C.) entre Ramsès II et le roi Hittite Muwatalli permit de maintenir les influences respectives des Égyptiens et des Hittites au niveau de Qadesh.

Des traités sont signés, des embassades établies, des embargos quelques fois ont été imposés (nous le verrons plus loin).

L'influence des peuples Illyro-Thraces est importante tant sur les civilisations Égéennes qu'Anatoliennes, formant le support ethnique et culturel des Troyens et de leurs alliés (Dardaniens, Moesiens,...). Ainsi, Troyens et Thraces ont la même réputation de dompteurs de chevaux. On retrouve aussi non seulement sur la côte d'Anatolie mais aussi en Crète le culte d'Apollon (Appalliunas en Louvite), de la Terre Mère (Gaïa, Cybèle) d'origine Phrygienne ainsi que les cultes à mystères l'accompagnant (Orphée, Dionysos, Attis, Cabires (célébrés à Samothrace), ...).

Des liens économiques et culturels importants entre ces différents peuples autour de la mer Égée et au-delà.

Les trésors trouvés par Schliemann à Mycènes et à Troie sont d'une richesse et d'une beauté remarquable ainsi qu'on peut le voir sur la page jointe. Mais le masque en or dit d'Agamemnon et le collier (trésor de Priam) datent de bien avant la guerre de Troie (plus de 1000 ans pour l'or de Priam). Les délégations étrangères nombreuses vers l'Égypte montrent les liens importants des différents peuples du moyen orient et de la mer Égée. De nombreux bateaux sillonnaient la mer entre les rives de la mer Égée et les échanges commerciaux entre ces peuples étaient très importants durant l'âge du bronze.

Des sociétés guerrières hiérarchisées.

Le travail des historiens de la Grèce antique et les fouilles des cités Mycéniennes montrent qu'il s'agit d'une société hiérarchisée centrée sur des cités états, système qu'on appelle système palatial. La guerre est un mode de vie et la piraterie, les razzias étaient pratiques courantes. Sur le tard, les cités renforcent leurs fortifications témoignant de périodes troublées. Les armes en bronze prolifèrent et les besoins en cuivre et étain amènent à établir des liens commerciaux avec les contrées qui en possèdent: par exemple Chypre pour le cuivre et la mer Noire et le Caucase pour l'étain. La ville de Troie tirait son importance du contrôle de l'accès vers la mer Noire.

La quintessence de cette société hiérarchisée, en quelque sorte empreinte d'une idéologie aristocratique, est pleinement révélée par la codification de duels dans lesquels la vertu du guerrier s'exprime.

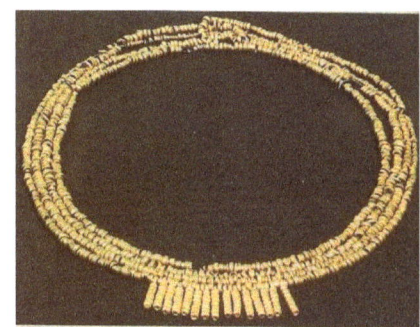

masque en or soit-disant d'Agamemnon découvert à Mycènes (*musée national archéologique d'Athènes*)

collier en or de Troie ("trésor de Priam").

Représentation de Grecs (ambassadeurs) sur la tombe Égyptienne de Rekhmire (*fac-similé of a painting in Thèbes*).

ci-dessous, fresque des bateaux à Akrotiri (Santorin).

L'Iliade est ainsi le premier traité de chevalerie. Le rituel immuable du combat rapproché exalte, chez Homère, le courage et la fougue du guerrier: l'**hybris, la démesure**. C'est l'âge des Héros. Ils sont au devant d'une armée anonyme où la mort des combattants forme une toile de fond.

Typiques de cet âge du bronze, les chars dont la vocation était de porter le héros au plus prêt de l'action. Les vertus des hommes sont rapprochées de celles supposées d'animaux: ainsi Diomède est associé au lion, Dolon au loup, Ulysse au sanglier.

Des découvertes archéologiques étonnantes d'armes et de parures de guerriers Achéens font liens entre récits et réalités: ainsi le casque à défenses de sanglier décrit par Homère dans l'Iliade au Chant X:

« Il lui met au front un casque travaillé dans le cuir d'un bœuf. Il est, à l'intérieur, solidement tendu de multiples courroies. A l'extérieur, les crocs blancs et luisants d'un sanglier sont sur les deux faces, disposées en grand nombre, avec art et savamment. »

Avec l'armure de bronze découverte à Dendra en Argolide, voilà qui change nos représentations « classiques » et hollywoodiennes des guerriers de la guerre de Troie.

Autres exemples troublants de la véracité de certaines descriptions d'Homère (voir photos page 15:

- La coupe de Nestor découverte à Pylos: « A coté, une coupe magnifique, que de chez lui avait apportée le vieillard, parsemée de clous d'or. Elle avait 4 anses, et 2 colombes, sur chacune d'elles, 2 colombes d'or buvaient; elle avait aussi 2 fonds. » Iliade Chant XI

- Les treize trépieds de bronze d'Ithaque: celui découvert en 1930 dans la grotte d'Ormos-Polis consacrée aux Nymphes évoque le trésor qu'Ulysse reçut des Phéaciens et qu'il a caché dans une grotte en débarquant à Ithaque. « Un olivier aux feuilles allongées s'élève au fond du port ; et, tout près de cet arbre, s'ouvre une grotte obscure, une grotte charmante consacrée aux Nymphes qu'on appelle Naïades…. Ayant ainsi parlé, il se mit à compter les splendides trépieds, les chaudrons, l'or et les riches tissus des vêtements. Il ne trouva rien à regretter. Mais il pleurait la terre de sa patrie, en se traînant sur le bord de la mer au sourd déferlement et en poussant maintes lamentations. » Odyssée Chant XIII.

- Le bouclier d'Ajax: "Ajax s'approche, portant son bouclier énorme semblable à une tour ; il était d'airain, et recouvert de sept peaux de bœuf. " Ces boucliers semblables à une tour figurent sur une fresque d'Akrotiri (Santorin) portés par des guerriers à casque de défenses de sanglier. Un autre bouclier caractéristique des guerriers Mycéniens est le bouclier bilobé (en forme de 8). Les deux types de bouclier sont représentés gravés sur un rhyton et sur une épée Mycénienne (page 15). Ils datent du XVII émé siècle av. J.-C., soit 4 siècles avant la guerre de Troie.

fresque des guerriers à Akrotiri (Santorin)

Vase des guerriers découvert à Mycènes (XII éme siècle av. J.-C.)
Musée national archéologique d'Athènes

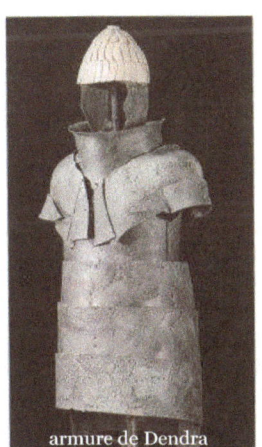

armure de Dendra
*Musée archéologique
de Nauplie*

Le casque à défenses de sanglier étaient le plus communément porté par les guerriers Mycéniens jusqu'au XII éme siècle. Par contre la cuirasse découverte à Dendra date de la fin du 15ème siècle avant notre ère. Cette armure reste la plus ancienne connue

guerriers sortant de Mycènes
(http://bloddessais.skynetblogs.be)

Précisons quand même que les armements les plus contemporains de cette guerre sont ceux représentés sur le vase des guerriers (page 13).

Dans l'œuvre d'Homère, des strates historiques coexistent. Si des descriptions révèlent son époque (dite Géométrique), les textes fourmillent d'archaïsmes témoignant d'une époque plus ancienne qui est celle du bronze final, et même du bronze plus tardif, qu'Homère ne pouvait connaître que par transmission orale. Il inclut plusieurs événements guerriers au travers d'une seule guerre et on suppose que des destructions consécutives à un tremblement de terre dont fut victime la ville de Troie furent aussi intégrées dans la globalité du récit par le thème du cheval de Troie, représentation de Poséidon, dieu de la mer et des séismes.

Par exemple, le rituel funéraire de l'incinération décrit dans l'Iliade n'était pas celui de l'âge du bronze mais appartenait à l'age du fer. Les découvertes archéologiques démontrent que c'était l'inhumation qui était de loin la plus pratiquée à la fin du bronze. Le défunt, couvert de bijoux et d'ornements, était entouré d'un riche mobilier composé de toutes sortes d'objets lui ayant appartenu.

Le texte homérique concernant l'incinération (funérailles de Patrocle et d'Hector) est par contre confirmé par les découvertes archéologiques de Lefkandi datant de l'époque proto-géométrique (début de l'âge du fer).

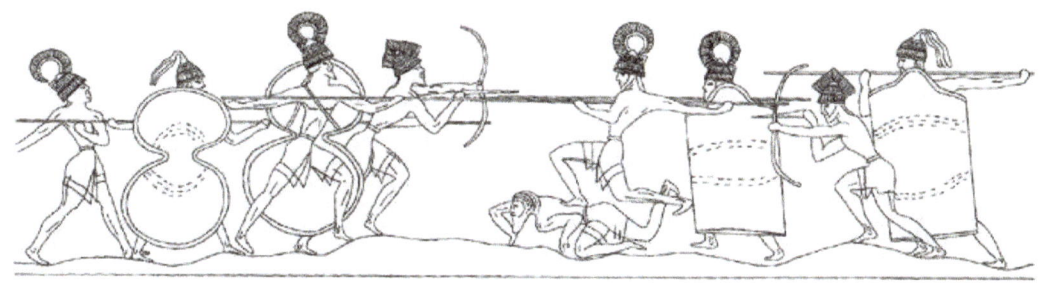
Scène gravée sur rhyton en argent trouvé dans la tombe IV de Mycènes

épée Mycénienne

Coupe dite de Nestor
Musée national archéologique d'Athènes

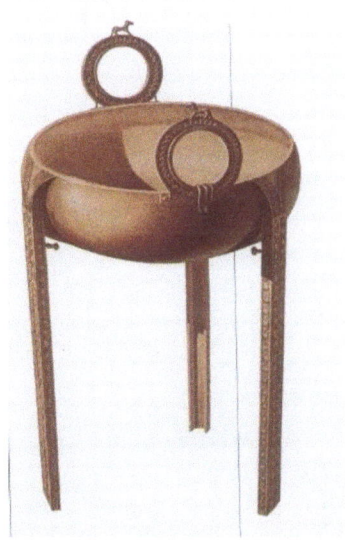
Chaudron d'Ithaque

L'Iliade

A Hissarlik en Turquie, Heinrich Schliemann (1822 - 1890) découvrit en 1871 les ruines de Troie après avoir fouillé les ruines de Mycènes. Il fit ainsi entrer la Grèce homérique dans l'histoire. La présence de débris calcinés, de traces de destruction et d'ossements éparpillés dans la couche de Troie VIIb datée d'environ 1200 av. J.-C. suggère qu'elle fut la Troie de l'Iliade.

Cependant c'est à Manfred Korfmann (1942 - 2005) que revient le mérite de replacer Troie dans la dimension qu'elle occupait réellement alors: d'une citadelle de 20 ha fouillée par Schliemann, il trouva les traces d'une ville de prés de 200 ha (donc pouvant contenir de 6 à 10 000 habitants).

Une telle cité si prestigieuse aurait du laisser des traces dans l'histoire à l'époque de sa puissance. Et de même s'il y eut une guerre mobilisant autant de guerriers des deux cotés de la mer Égée, il serait étonnant de n'avoir eu nulle part ailleurs d'autre témoignage.

Et de fait, Homère n'est pas le seul à parler de Troie et d'une guerre.

Les historiens ont relevé en effet dans des textes Hittites récemment découverts des récits attestant de tels événements. Ainsi un texte daté de 1400 av. J.-C. décrit la campagne du roi Hittite Tudaliya contre une confédération d'états révoltés regroupés sous le vocable d'Assuwa sur la côte anatolienne. Ce territoire sera appelé "Asia" bien plus tard, par les Romains, et c'est ce nom qui est à l'origine de l'actuel mot "Asie".

Parmi ces états confédérés sont nommés Wilusa et Taruisa. Wilusa était certainement l'équivalent Hittite d'Ilion (d'où dérive Iliade) et Taruisa était l'ancien nom de Troie et de la Troade (Taruisa / Taruwisa dérive probablement de "Taru", nom du dieu de l'orage des Hittites). Plus tard Illion et Troie deviendront des synonymes, ce qui indique probablement que ces deux villes avaient alors fusionné pour ne plus en former qu'une seule.

Il semble bien, en effet, que Troie possédait deux noms car elle avait été constituée par la fusion de deux peuples : les Teucres et les Dardanes (ces derniers étant venus plus tardivement d'Europe, en passant par le détroit auquel on donna leur nom: Dardanelles).

Les rois de Troie aussi avaient deux noms : l'un grec et l'autre louvite. Par exemple Alexandre - Pâris et Priam - Podarkes. Il est donc possible que les Teucres aient été une tribu Louvite (apparentée aux Hittites) alors que les Dardanes aient été une tribu apparentée aux Bryges (Phrygiens).

Plan de Troie VI - Manfred Korfmann

pierres de frondes et pointes de flêches et de javelots trouvées au niveau de Troie VIIb

petit sceau de bronze à deux faces, seul témoignage écrit trouvé dans les ruines de Troie (ville basse). Les inscriptions sont en caractères hiéroglyphiques louvites

reconstitution de Troie VI, représentant la porte Sud, appelée porte Scée dans l'Iliade (*La Pintura y la Guerra - Página 725 - www.militar.org.ua*).
Depuis la tour de guet, la vue s'étend sur les plaines de la rivière Scamandre, sur lesquelles, d'après Homère, des combats eurent lieu pendant 10 ans.

Les textes Hittites

Une douzaine de textes trouvés à Hattusa (capitale Hittite) mentionne un peuple sous le nom d'Ahhiyawa que les universitaires désignent quasi-unanimement comme les Achéens, ainsi que des guerres ayant eu lieu contre Wilusa / Taruisa (Ilion / Troie).
On a vu que les **annales de Tudhaliya** (1400 av.J.-C.) sont les premières à citer Wilusa.

Le texte appelé "**Accusation de Madduwatas**" (vers 1375) met en évidence des interventions Achéennes en Anatolie: **Madduwatas** (Madyattes), apparaît au temps du roi Hittite Arnuwanda I comme un fauteur de troubles en Arzawa. D'abord il perd dans sa lutte contre les Lukka et les Ahhiyawa (dont le roi se nomme **Attarisiyas**) et doit chercher refuge chez les Hittites. Lesquels lui cèdent Zippasla mais à condition que la ville serve de base à une invasion d'Arzawa par son armée. Kupanta-Kurunta, roi d'Arzawa, détruit cette armée et occupe Zippasla. Les Hittites restaurent ensuite Madduwatas sur son trône. Attarisiyas attaque encore Zippasla avec cent chariots et Madduwatas fuit une troisième fois. Les Hittites chassent Attarisyas et occupent à leur tour Zippasla. Madduwatas tend un piège au général Hittite, Kisnapili puis fait alliance avec Arzawa et reprend le trône. Avec l'aide d'Attarisiyas, maintenant son allié, il s'empare d'une grande partie de l'ouest de l'Anatolie, et envahit Alasiya (Chypre) avec les Ahhiyawa d'Attarisyas.

Ce qui ressort du texte précédent c'est l'implication des Achéens - Ahhiyawa dans des affaires concernant la souveraineté Hittite. La première est donc menée par le roi Attarisiyas que certains chercheurs n'hésitent pas à lier au nom d'Atrée, roi Achéen, père d'Agamemnon et premier de la lignée des Atrides. Soulignons aussi le caractère versatile de Madduwatas et les alliances d'opportunité.

Les affaires Piyama-Radu:

- **lettre de Manapa-Tarhunta** (tablette CTH191): datée d'environ 1280 av. J.-C., raconte que le roi hittite Muwatalli II (1295-1272 av. J.-C.) a demandé à son vassal, le roi Manapa-Tarhunta de la terre de la rivière Sheka, de chasser Piyama-Radu de Wilusa (Troie) que ce dernier avait prise et occupée. Mais Piyama-Radu est parvenu à vaincre Manapa-Tarhunta qui était tombé malade et a distribué une partie de ses terres à son allié et beau père Atpa (un roi Achéen). Puis Piyama-Radu se lance à la conquête de Lazpa (Lesbos). Muwatalli II doit alors envoyer des troupes hittites, commandées par Gassu, pour attaquer Wilusa.

A gauche, tablette Hittite (Hattusas).
A droite, possible représentation d'un guerrier Ahhiyawa (Achéen) sur une poterie Hittite (vers 1350 av. J.-C.). Le casque est proche de ceux figurant sur la frise page 11 et probablement c'est un casque à défenses de sanglier (page 10).

reconstitution de guerriers Hittites
illustration de Angus McBride

Voila ce que dit le texte :

"Ainsi parle Manapa-Tarhunta, ton serviteur. Vois : Dans le pays tout est en ordre. Gassu est arrivé et il a amené des troupes hittites. Elles se sont mises en route pour attaquer à nouveau Wilusa. Mais moi je suis tombé malade. Je suis très malade. Le mal m'a prostré. Piyama-Radu m'a tellement humilié quand il a mis Atpa au-dessus de moi ! Et il a attaqué le pays de Lazpa !"

- **traité d'Alaksandu** (tablette CTH76): Muwatalli II est intervenu pour chasser les Masas (Mysiens) et d'autres guerriers dont le nom n'est pas indiqué (les Ahhiyawas et Piyama-Radu probablement) qui avaient envahi Wilusa (Troie). A la suite de quoi le roi Alaksandu de Wilusa (donc Alexandre de Troie) s'est rendu vassal des Hittites (vers 1280 av.J.-C.). L'Iliade d'Homère cite effectivement un prince troyen appelé Alexandre en grec, et Pâris en louvite (en louvite, Pâris signifie "premier", ou Pâri-ziti, "surhomme"). Ce nom peut aussi être rapproché de celui du roi Pariya-Muwa de Taruisa (Troie) ... mais ce dernier signifie plutôt "très puissant" en louvite et il correspond probablement à Priam, autre roi de Troie.
Dans ce traité de vassalité, Alaksandu invoque le dieu Apalliunas ... qui n'est autre que le dieu Appolon des Grecs (selon Homère ce dieu aurait fondé les murs de Troie).

- **Lettre de Tawagalawa** (tablette CTH181), écrite vers 1280, c'est une adresse du roi Muwatalli II au roi grec de Mycènes par l'intermédiaire de son frère Tawagalawa pour lui demander l'extradition de Piyama-Radu. Ce dernier s'était en effet réfugié à Milawanda (Milet), une terre dirigée par Tawagalawa même (probablement Etewaklewes / Étéocle en Grec). L'armée hittite entre finalement dans Milet mais Piyama-Radu parvient à s'enfuir en bateau en emmenant avec lui 7000 captifs.

« Et je vous ai aussi écrit, mon frère, devant la frontière, en disant ceci : 'Je me suis emparé de la ville, dans cette affaire. Et Piyama Radu s'est gardé de m'attaquer dans le pays… Mon frère, lorsque votre messager m'a rejoint ici, il ne m'a pas salué ! Il ne m'a pas donné de présent !
Il a parlé ainsi : 'Le roi de Mycènes a écrit à Atpa de livrer Piyama-Radu aux mains du roi de Hatti. '(......) Je suis finalement entré dans la ville de Millawanda (Milet), pour enfin régler cette affaire.
Ce que je dis sur Piyama-Radu, prenez-en connaissance, mon frère ! Piyama-Radu s'était déjà enfui du pays au moyen d'un bateau. Ce que j'ai dit sur lui, Atpa le sait également. Est-ce parce qu'il (Atpa) est son beau-père, qu'il avait caché sa fuite ?... »
Le roi hittite s'excuse de s'être mal conduit envers le roi de Mycènes mais ce dernier répond : "Si la volonté (du roi des Hittites) est d'aller dans la terre de Karkiya ou les terres du Masa (Mycie), qu'il y aille ! Au sujet de la ville de Wilusa (Troie) nous, et le roi de Hatti (empire hittite), avons été hostiles les uns contre les autres. Mais il m'a convaincu dans cette affaire et nous avons fait la paix. Maintenant les hostilités ne sont plus autorisées entre nous ! "

Giuseppe Rava a représenté une scène correspondant à peu près à l'affaire Tawagalawa (tiré du livre de D'Amato et Salimbeti sur les guerriers grecs de l'age du bronze (édition Osprey)). Cette représentation issue des découvertes archéologiques les plus récentes collerait le mieux à ce qu'étaient les combattants d'une des guerres de Troie, celle de 1280 av. J.-C. Un ambassadeur Hittite (5) vient apporter une lettre à Tawagalawa (1), prince Achéen, au sujet d'un certain Piyama-Radu (3), chef Louvite allié des Achéens et en guerre avec Troie (prince Troyen en 4) et les Hittites.

L'affaire Tawagalawa fait part de nombreux troubles entre Wilusa et les Ahhiyawa. Plusieurs conflits donc entre Wilusa, Arzawa, les Achéens (Ahhiyawa) et les Hittites jouant un rôle militaire important parmi tous ces troublions. En réalité, c'est de plusieurs guerres de Troie qu'il faudrait parler et Homère nous a fait un condensé à partir des traditions orales qui dans le temps se sont mélangées et enrichies de Héros et de créatures jouets des dieux.

Concrètement, si on se fie aux découvertes archéologiques, c'est au niveau Troie VIIb (soit aux alentours de 1180 av. J.-C.) que l'on peut reconnaître avec certitude les traces d'une guerre.

Petit récapitulatif d'événements successifs qui pourraient en être la cause (moins romantiques que l'amour de la belle Hélène):

- **traité de Sausgamuwa:** Vers 1210 av. J.-C., Tudhaliya IV, en guerre avec l'Assyrie, écrivit au roi d'Amurru, Sausgamuwa, pour qu'il fasse blocus au commerce entre les Achéens et l'Assyrie. De plus, les Hittites prennent Millawanda (Milet) qui est un comptoir achéen en Anatolie (voir précédemment). Dans la correspondance Hittite, le roi des Achéens n'est plus considéré comme " Grand Roi ".

- Invasion de la Lycie (pays des Lukka) puis de Chypre (mines de cuivre) par les Hittites de Suppiluliuma II (1205 ?)

- Puis défaites des Hittites contre l'Assyrie.

- Blocus économique avec l'Assyrie et les approvisionnements de cuivre (Chypre) et d'étain (Troie commandant l'accès à la mer Noire) sont interdits aux grecs: la guerre de Troie trouve dans ces faits sa meilleure justification.

Profitant de la faiblesse des Hittites, et pour rompre le blocus, les Achéens sèment le trouble.
Selon les inscriptions du temple de Karnak en Égypte, premier raid des " Peuples de la mer " (nous en parlerons plus loin). Ils participent à l'assaut contre l'Égypte sous Merneptah (1208) avec les Libyens. Les égyptiens les nomment Ekwesh.

28 ans après, vers 1180 av. J.-C., Troie était détruite.

incendie de Troie par Kerstiaen de Keuninck (1627) - musée de Châlons-en-Champagne

Les peuples en présence

L'Iliade nous donne la liste des peuples en présence. Nous pouvons facilement identifier les Achéens et les Danéens comme venant de la Grèce continentale mais aussi de leurs comptoirs "asiatiques" dont le principal est Milet (Millawanda).

Les alliés de Troie, selon Homère, sont les Pélasges, les Cariens, les Lyciens, les Dardaniens, les Thraces, les Phrygiens, les Mysiens et d'autres peuples moins connus.

Ceux-ci peuvent plus ou moins aisément être situés comme indiqué sur la page jointe dans les Balkans et la côte anatolienne.

Mais parmi les noms donnés par Homère quel pouvait être le nom des Hittites ? Même si leur civilisation avait disparu, il serait étonnant que leur nom ait pu être oublié au temps d'Homère, trois siècles plus tard.

Ainsi, il est possible que les Amazones, situées par Homère au centre de l'Anatolie, puissent correspondre aux Hittites.

Ces derniers ne portaient ils pas, selon les témoignages d'alors et les gravures visibles sur différents artefacts, murs ou parois rocheuses, de longues robes et des cheveux tombant jusqu'aux bas du dos? (cf page 19)

Autre candidat, les Khétéens venant de Mysie sous le commandement de Telephus: Kheta est l'autre nom de Hatti et Telephus peut être relié au dieu Hittite Telepinu.

Au temps des Hittites et dans leur langue, d'autres noms de peuples étaient cités par eux sur cette partie de l'Anatolie: les Ahhiyawa (Achéens), les Taruisa (Troyens), les gens d'Arzawa dont les Shikala (Shekhariya ou hommes de la rivière Sheka) et autres Lydiens et Cariens ainsi que les Lukka ou Lyciens (réputés pour être de redoutables pirates). Ils eurent aussi affaire au nord aux Mushkis et Kashkas lesquels précipitèrent leur disparition.

Enfin, pour rendre de la cohérence entre les peuples en présence, l'Égypte, grand empire de la région et qui n'eut de rival que l'empire Hittite (voir la bataille de Qadesh entre Ramsès II et Muwatalli), porta un éclairage nouveau sur cette période troublée et sur les protagonistes. Il s'agit des inscriptions et gravures du temple de Medinet Habu dédié à Ramsès III. De celles ci nous allons en parler au sujet de l'Odyssée. Entre temps la guerre de Troie eut lieu.

Et elle se termina mal pour les Troyens. Les survivants comme Énée réussirent à s'enfuir et à migrer. Les alliés Louvites migrèrent aussi à leur suite. Les Achéens aussi se mirent en route pour rentrer au pays après le sac de la ville. Ce ne fut pas de tout repos comme l'Odyssée nous le raconte. Mais là aussi, l'histoire rencontre à nouveau le mythe.

Il y eut donc des guerres de (pour) Troie comme il y eut aussi des Odyssées.

Troyens et alliés selon Homère

Peuples et territoires selon les Hittites

L'Odyssée

Le témoignage de l'Égypte

Afin d'apporter quelques crédits au récit d'Homère concernant les "retours" des vainqueurs (l'Odyssée) et de Virgile pour la fuite des vaincus (l'Enéide), en quelque sorte ce qui apparaît être des migrations, transportons nous en Égypte, au temple de Medinet Habu construit par Ramsès III. Des scènes gravées sur les murs du temple montrent les batailles gagnées par Ramsès III (sur mer et sur terre) sur un peuple d'envahisseurs que l'archéologue Français François Maspero nomma les "Peuples de la mer". Ces batailles sont datées selon Eric H Cline de 1177 av. J.-C., donc peu de temps après la chute de Troie.

Que disent les inscriptions en hiéroglyphes commentant ces grandes fresques murales, les premières bandes dessinées de l'histoire: « Les nations étrangères conspirèrent dans leurs îles. Tout à coup, elles se mirent en marche et quittèrent leurs terres pour combattre … Aucuns pays ne résistèrent à leurs armes. Hatti, Qodé, Karkemish, Arzawa et Alashyia furent abattus d'un seul coup. Un camp fut dressé par eux quelque part en Amurru dont ils ravagèrent le peuple et la terre. Puis ils avancèrent vers l'Égypte. Devant eux s'élevaient les flammes. La coalition comprenait les Peleset, les Tjeker, les Shekelesh, les Denyen et les Weshesh. Ils mirent la main sur les pays jusqu'aux limites extrêmes de la terre, le cœur confiant: « notre entreprise réussira » » Puis: « J'étendis toutes les frontières de l'Egypte et repoussa ceux qui l'ont attaqué en venant de leurs îles. Je rejetai les Denyen dans leurs îles, alors que les Tjekker et les Peleset, je les réduisis en cendres. Les Sherden et les Weshesh de la mer furent détruits, capturés ensemble et amenés en captivité en Égypte comme les sables sur la grève. Je les maintins alors dans des forteresses élevées en mon nom. Leurs armées contenaient plus de 100 000 hommes. Je leurs fournis chaque année des vêtements et des provisions à partir des magasins et des silos. » [*ANET*, 262]

Déjà auparavant, à l'époque de Merneptah, pharaon précédant Ramsès III, une coalition tenta vainement de pénétrer l'Egypte. Elle était menée selon les inscriptions du temple de Karnak, par les Libyens (Meshwesh), ennemis héréditaires de l'Egypte et comprenait des alliés venant, pense-t-on, de la mer Égée: c'était les Ekwesh, c'est à dire les Achéens, les Sherden, « rebelles de cœur », ou Shardanes, les Shekelesh ou Sicules, les Teresh ou Tyrsenoi - Tyrrhéniens (selon Hérodote) et les Lukka ou Lyciens.

La coalition de 1175 semble plus importante en nombre et par conséquent plus destructive: on retrouve les Sherden qui sont représentés avec des casques à cornes, les Shekelesh, et les Teresh. Puis s'ajoutent les Tjekker (ou Teucroi), les Peleset, « écumes de la mer », peuples apparentés et peu distingués les uns des autres dans leurs apparences avec des casques à plumes, les Denyen ou Danéens et enfin les Weshseh.

temple de Medinet Habu

Sur les murs du temple de Medinet Habu, les scribes de Ramsès III détaillent des batailles sur mer (delta du Nil) ci-dessus et sur terre (dessous) contre les Peuples de la mer. Ramsès III sortit victorieux.

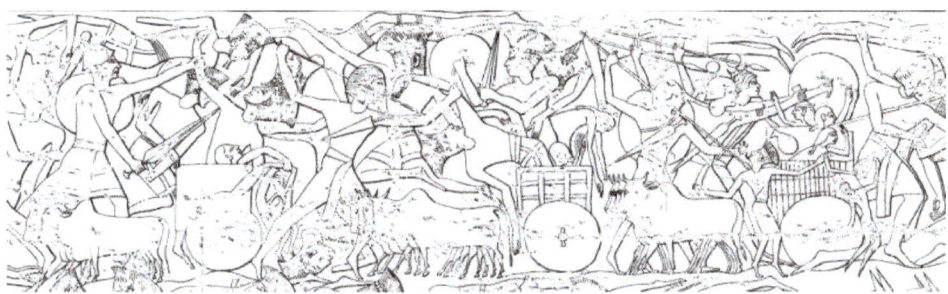

27

Les peuples de la mer:

Sans pouvoir avancer un degré de certitude à certaines des hypothèses présentées, de fortes présomptions cependant permettent de lier ces peuples à une origine, à une référence aussi bien chez Homère, que dans les textes Hittites et Égyptiens. Reportons nous sur la carte des protagonistes de la guerre de Troie. Nous avions les Troyens de Wilusa, les Lydiens du royaume d'Arzawa et de la rivière Shekha, les Lyciens ou Lukka …. La plupart parle une langue proche de l'Ionien, le Louvite. D'autre parle le Lemnien apparenté à l'étrusque. Et il y a les Pélasges de parenté Thrace qui un temps occupa la Grèce et la Crète et dont les grecs reconnaissent l'antériorité.

Ne sont ils pas les peuples désignés par les Égyptiens: les Peleset seraient les Pélasges, avec leurs casques emplumés que l'on retrouve en Crète dans le célèbre disque de Phaistos et aussi à Chypre, les Tjekker seraient les Troyens (Teucroi de Troade), les Teresh seraient les Tyrrhéniens, les Shekhelesh seraient des Lydiens du pays de la rivière Shekha en Arzawa (ou moins probable de Sagalassos) et les Sherden, des Lydiens de Sardis aussi en Arzawa, les Denyen, enfin, seraient les Danéens d'Argos autre nom des Achéens, Derden-Dardaniens qui donnèrent le nom au détroit …

Un récapitulatif des équivalences supposées est donné sur le tableau en annexe.

Ces peuples qui combattirent par mer et par terre sont représentés sur les murs du temple de Medinet Habu: la plupart porte un casque de plumes et d'autre un casque à cornes. Ces derniers sont déjà connus des Égyptiens car ils furent aussi mercenaires dans leur troupe. Ce sont les Shardanes. Les mercenaires se distinguent des agresseurs par la présence d'un disque entre les cornes. Tous portent une cuirasse et un kilt. Les armements sont de facture Mycénienne: longues épées, jambières, boucliers ronds. On suppose que le gros de la troupe était composé des Peleset, Tjekker, Teresh (tout trois avec casques à plume, ce qui prèche pour le voisinage de leur origine) et Sherden (casques à cornes).

Ce que décrivent les textes de Medinet Habu et le papyrus Harris, n'est autre qu'une migration de peuple "coalisé" du nord de la mer Égée vers le sud en suivant la côte anatolienne et descendant ensuite le long de la Syrie.

« Les nations étrangères conspirèrent dans leurs îles. Tout à coup, elles se mirent en marche et quittèrent leurs terres pour combattre… Aucuns pays ne résistèrent à leurs armes. Hatti, Qodé, Karkemish, Arzawa et Alashyia furent abattus d'un seul coup. Un camp fut dressé par eux quelque part en Amurru dont ils ravagèrent le peuple et la terre. »

Essai de positionnement des origines des Peuples de la mer

Map labels:
- Sinope
- THRACE • Apollonia, BLACK SEA, Tios, Heraklia
- Kashka
- Byzantion • Chalkedon
- MACEDONIA, Pella
- Thraces / Phrygiens / Mushki
- Dardaniens / Derden / Dardanoi
- Vergina
- Dardaniens / Teresh / Taruisha / Tyrsenoi
- ASIA MINOR
- Troyens / Tjekker / Teucroi — Troy
- GREECE, THESSALY
- Pelasges / Peleset / Pelasgoi
- AEGEAN SEA
- Lesbos
- Lydiens / Shekelesh / Shekhariya / Sikeloi
- EUBOEA, Sardis
- Delphi • Chalkis, BOEOTIA • Eretria
- Lydiens / Sherden / Shardana
- Thebes, Chios, IONIA
- Ephesos
- Olympia • Athens, Samos, Priene
- Achéens / Ekwesh / Ahhiyawa — Miletos
- Mycenae, Delos
- PELOPONNESOS, ARGOLID
- Cariens / Weshesh / Wasasa / Ausones
- CARIA
- Paros, Naxos, Kos
- Danéens / Denyen / Danuna
- Lyciens / Lukka / Lukka
- Pylos • Sparta, LAKONIA
- CYCLADIC ISLANDS
- Rhodes
- Al Mina
- Cyprus
- LEVANT
- Pelasges / Peleset / Pelasgoi
- Knossos
- Crete
- Phaistos
- Sidon, Tyre

Dardaniens: peuple nommé par Homère
Teresh: peuple nommé par les égyptiens (coalition des Peuples de la mer)
Taruisha: peuple nommé par les Hittites
Tyrsenoi / tyrrhéniens: peuple nommé par Hérodote

- Cyrene
- 0 — 100 Miles
- 0 — 200 Kilometers
- Alexandria
- Naukratis • EGYPT
- Libyens / Meshwesh / Maxyes

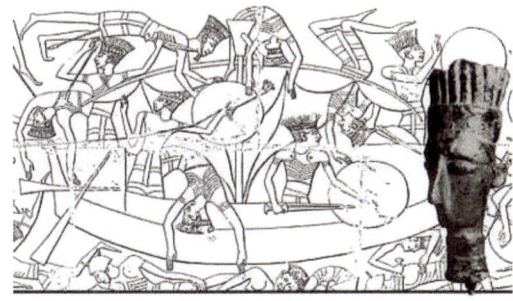

guerriers Peleset au temple de Medinet Habu.
au premier plan, figurine de bronze Sarde.

guerriers Sherden au temple de Medinet Habu.
au premier plan figurine de bronze Sarde

Si ces peuples étaient en grande partie Louvites, accompagnés de contingents Mycéniens (Denyens), on sait que ceux-ci pratiquaient régulièrement des raids par bateaux un peu comme le firent deux millénaires plus tard les vikings. Il semble qu'un des points de rencontre fut le territoire d'Amurru qu'ils occupèrent apparemment quelques années avant de poursuivre vers l'Égypte.

Mais avant Amurru, il y eut la grande cité d'Ougarit (Ugarit), centre commercial majeur de la fin de l'âge du bronze.

Ougarit fut détruite sous le règne du roi Ammurapi (vers 1185 av. J.-C.) Des pointes de flèches retrouvées dans les rues, les gravats, les traces d'incendie, montrent l'âpreté des combats. Des lettres sur plaquettes d'argile ont été retrouvées dans les ruines de la maison d'Urtenu à Ougarit:

- Adresse du roi d'Alashiya (Chypre) à Ammurapi, roi d'Ougarit: « Ce que vous m'avez écrit: des bateaux ennemis aperçus en mer …. Bien, même s'il est vrai que des bateaux ont été aperçus, soyez ferme …. Fortifiez vos villes, mettez y les troupes et les chars et attendez l'ennemi de pied ferme. »

- Réponse du roi d'Ugarit au roi d'Alashiya: « Mon père, les bateaux ennemis sont venus. Ils ont mis le feu à mes villes et ont causé de grands dégâts dans le pays. Ne saviez vous pas que toutes nos troupes étaient cantonnés dans le pays Hittite et que tous mes bateaux sont encore en Lycie et ne sont pas revenus ? Ainsi, le pays est abandonné à lui même …. Considérez cela, mon père, sept bateaux ennemis sont venus et ont fait des choses innombrables. Maintenant s'il y en a davantage, faites le savoir pour que je puisse décider quoi faire, ou du moins, n'être pas surpris par le pire. »

Alors comment peut-on défendre la théorie d'une migration climatique lente et progressive ?

Ainsi on peut suivre leur progression: par terre, c'est d'abord les Hittites qui furent vaincus et la Cilicie (Qode) puis le royaume de Karkemish au nord de la Syrie. En suivant les côtes, on longe les cités d'Arzawa (Anatolie occidentale) et d'Alashyia (Chypre) qu'ils avaient probablement visitées ou attaquées avant.

Après la destruction d'Ougarit, des matériaux de culture Égéenne firent leur apparition (céramique type Mycénienne LIIIC). Plus au sud, des traces de destruction sont relevés à Tell Kassel (Amurru). Par contre sur les cités Cananéennes plus au sud encore, plus de trace de destruction mais la présence d'occupation Égéenne. L'établissement des Peuples de la mer à Amurru fut donc de l'ordre de 5 à 10 ans. Cela a du leur permettre de se préparer pour attaquer l'Egypte et de coloniser plutôt pacifiquement Canaan.

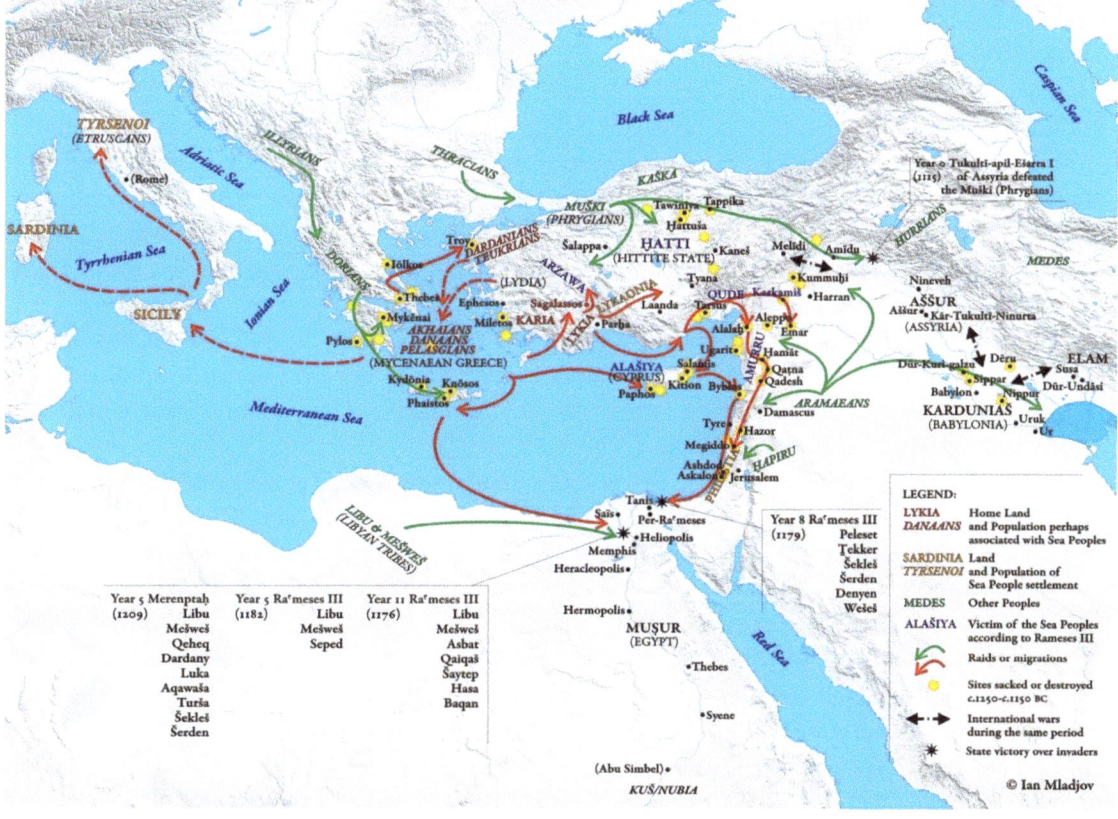

Migration des Peuples de la mer et lieux de conflagration
d'après Ian Mladjov

Auparavant donc Ougarit tomba vers 1185 et en Grèce continentale, des traces de destruction sont constatées: à Mycènes, à Tirynthe, sur d'autres cités.

Sur Pylos, selon Blegen, « partout on trouve la preuve saisissante de dévastations par le feu. » Datées de 1180 av. J.-C., des tablettes en linéaire B trouvées sur le site mentionnent l'existence de « guetteurs de la mer »... Guettaient-ils l'arrivée des Peuples de la mer ?

Les mensonges de l'Odyssée:

Entre 1185 et 1180 av. J.-C., Troie fut attaquée et détruite. L'Iliade nous conte ces événements qui rassemblent en fait plusieurs guerres de Troie à différentes époques. Mais l'agression sur Troie VIIb est sans conteste la plus violente et la plus destructive. Peu de temps après une suite de destructions affectent les côtes d'Anatolie et de Syrie atteignant au cœur les grandes civilisations que furent celles des Hittites, de Mycènes ou d'Ougarit. Pour la Grèce, commencent les "âges sombres" qui dureront plusieurs siècles. Ni les Hittites ni Ougarit ne s'en remettront et lorsque la Bible nous parle des Hittites, il s'agira d'une pâle copie de cette civilisation cantonnée dès lors au nord de la Syrie (néo-hittite). L'Égypte vainqueur des Peuples de la mer ne s'en remettra pas totalement. C'est la fin des Ramessides et des grandes dynasties.

De nouveaux peuples apparaissent sur ce bassin Méditerranéen tant chahuté: les Philistins (Peleset), les Étrusques (Teresh), les Sardanes (Sherden), les Sicules (Shakelesh),... Oui, ça sonne pour la plupart d'entre eux comme les noms des peuples dont nous venons de parler.

Si on écoute Homère, après la guerre de Troie vint l'Odyssée, c'est à dire le retour d'Ulysse (Odysseus) chez lui à Ithaque. Occasion de visiter d'autres contrées vers la Méditerranée occidentale. Mais aussi le retour des autres Achéens. Et puis Virgile nous parle de la fuite d'Énée et de son père Anchise vers l'Italie.

Ulysse ne fit pas du tout un si beau voyage que cela.

Premier mensonge: il n'y eut pas une Odyssée mais plusieurs.

Homère, encore, par poème interposé, nous raconte comment les vainqueurs de Troie tentèrent de rentrer dans leur patrie. Peu y parvinrent, jouets des dieux qui les jetèrent sur des rivages étrangers et souvent hostiles. Les cartes tracées par Bérard et Severin (voir page 39) essaient de reconstituer le voyage d'Ulysse. Ces géographes ont oublié que dans le chant XIV de l'Odyssée, Ulysse raconte comment il arriva en Égypte: « Quand, la 10éme année, nous avons saccagé la ville de Priam, nous revenons chez nous avec tous nos vaisseaux; mais un dieu dispersait les autres Achéens, et moi, l'infortuné ! ... l'envie me prit d'équiper des navires et d'aller en croisière, avec mes compagnons divins, dans l'Egyptos.

Guetteurs de la mer

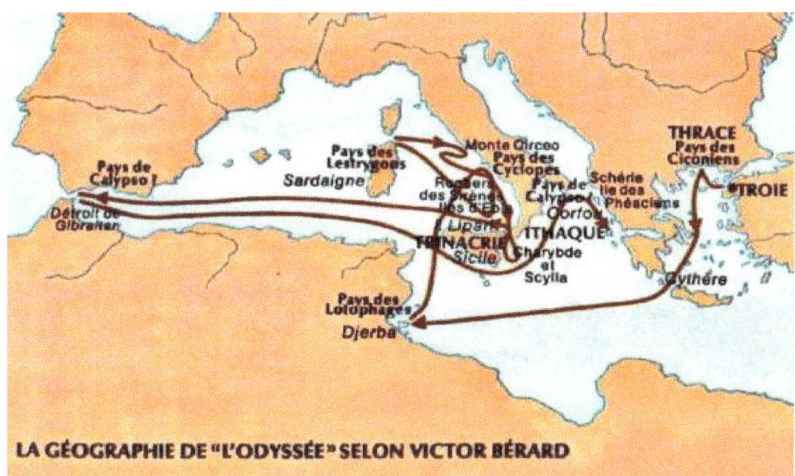
LA GÉOGRAPHIE DE "L'ODYSSÉE" SELON VICTOR BÉRARD

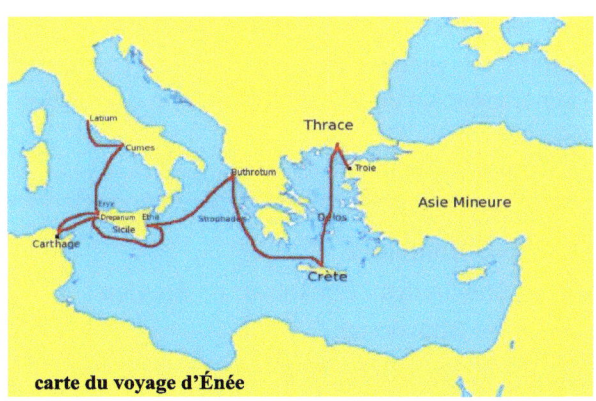
carte du voyage d'Énée

… Une fois arrivé, … cédant à leur fougue et suivant leur envie, les voilà qui se ruent sur les champs merveilleux de ce peuple d'Egypte, les pillant, massacrant les hommes, ramenant les enfants et les femmes. » (Odyssée Chant XIV)

Puis on sait qu'Ulysse et ses compagnons allèrent du coté du détroit de Messine où l'on situe Charibe et Scylla et dans le golfe de Bonifacio qui serait le pays des Lestrygons. Nous verrons plus loin l'intérêt pour l'histoire de ces identifications mythiques.

D'autres récits tracent d'autres voyages au même moment.

Tout d'abord l'Enéide écrit par le poète latin Virgile. On sait que fuyant Troie en flamme, ce prince Troyen portant sur ses épaules son père Anchise, alla s'établir en Italie après maintes aventures dont la plus connu est celle avec la reine Didon de Carthage. Les romains par ces récits légendaires se réclament descendant des Troyens et des Étrusques.

Un autre récit grec conte les pérégrinations d'un certain Mopsus. Celui ci rencontrera dans sa ville de Claros en Arzawa, le devin Achéen Calchas, qui avec son armée venait de quitter Troie. Après une joute pour savoir qui était le meilleur devin, Calchas perdit et se suicida de honte. Mopsus continua la route vers le sud avec l'armée de Calchas et s'établit en Cilicie où il est considéré comme un Héros. Son aura était tel que sur une stèle découverte à Karatepe en Cilicie, datant d'environ 800 av. J.-C. et écrite en Phénicien, le roi de la région se disait roi des Dannuyim (Danéens?) et se disait venir de la maison de Mopsus.

Teucros, frère d'Ajax, était considéré lui comme le fondateur de Famagouste (Salamis) dans l'île de Chypre. De même, le roi Agapéron d'Arcadie s'installa avec ses gens à Chypre.

Une autre inscription découverte à Alep et datant de 1100 – 1000 av. J.-C., cite le nom de Taitas, roi de la terre de Palastin, c'est à dire des Peleset/Philistins. Ces noms jalonnent le chemin parcouru par les migrants grecs et Philistins vers l'Égypte.

Ainsi témoignage de la fin cataclysmique de l'age du bronze, se rejoignent les récits Homériques, les mythes fondateurs (Énée, Mopsos, Teucer), l'histoire (Medinet Habu, Hérodote, l'archéologie) et les rapprochements anthroponymiques.

Maintenant familier des noms des acteurs de ce drame nous pouvons les repasser en revue pour mieux en extraire la pertinence d'abord des lieux (Troie / Taruisa et Ilion / Wilusa) puis des principaux peuples:

Troyens / Teucroi / Tjekker (Thekel). Souvent associés aux Shekelesh.

Dardaniens (Lemnos) / Tyrsenoi (Tursha) / Teresh => **Étrusques**

Pélasges / Peleset (Poulasti) => **Philistins**

Lydiens de la rivière Sheka / Shekhariya / Shekelesh => **Sicules**

Lydiens de Sardis / Sherden => **Shardanes**

Cariens de Wassos / Wasasa / Weshesh => **Ausones ou Oscans**

Danéens / Danuna / Denyens => **tribu de Dan (et aussi Adana en Cilicie avec Mopsos)**

reconstitution de guerriers Peleset (1), Sherden (2) et Shekelesh (3) par G. Rava. (*in Sea Peoples of the Bronze Age Mediterranean - R. D'Amato et A. Salimbeti - Osprey*)

représentation de Peleset (en haut) et Sherden (en bas) sur le mur du temple de Medinet Habu

Ci-contre le disque trouvé à Phaistos en Crète (datation incertaine: XIV éme s. ?). On retrouve des têtes "emplumés".
A droite, partie d'un coffret en ivoire trouvé à Enkomi (Chypre, 13éme ou 12éme s.) La parenté Mycénienne des Peleset semble plus que pertinente (Pélasges, Danéens?)

Deuxième mensonge: ce ne fut pas un retour à la maison car ils furent obligés de migrer.

Arrêtés par l'armée Égyptienne de Ramsès III, ces peuples se répartirent en divers pays. Les plus importants de la coalition, les Peleset s'établirent en Israël et furent connus sous le nom de Philistins. Les Danéens au nord d'Israel et l'on sait par la Bible qu'une tribu d'Israel, les Danites, était apparentée par la langue aux Philistins. Les Teresh ou Tyrsenoi, de Troade et de l'île de Lemnos s'établirent en Italie sous le nom des Étrusques (Rappel à l'Eneide). Une stèle portant des inscriptions étrusques a été trouvée à Lemnos indiquant une origine orientale de ce peuple.

Les Shekelesh ou Sicules s'établirent en Sicile et les Sherden ou Sardanes en Sardaigne et en Corse, donnant leurs noms à ces lieux d'établissement.

On sait que le voyage d'Ulysse le conduisit jusque dans ces contrées. Les statue-menhirs de Filitosa et les figurines en bronze de Sardaigne qui datent de cette époque présentent des soldats armés avec des casques à corne.

Ainsi la guerre de Troie a permis de recomposer la géographie de la Méditerranée: la Sicile, la Sardaigne, l'Etrurie, la Palestine viennent du nom des peuples bousculés par la guerre de Troie et poussés à migrer.

De même, des héros fondateurs de nouvelles villes: Énée, Mopsus, Teucer et d'autre.

Ceci est une hypothèse défendue par des historiens et je la reprend: parmi les causes de cette crise importante de la fin de l'âge du bronze qui s'est traduite par de nombreuses destructions, la disparition de royaumes puissants et de grandes migrations, j'ai évoqué une instabilité chronique liée à la recherche de nouvelles souverainetés mais aussi liée à la piraterie comme art de vivre.

Mais surtout une instabilité économique et sociale découlant du blocus maritime imposé par les Hittites aux Mycéniens qui les privait des matières premières de l'époque: le cuivre et l'étain avec lesquels on fait le bronze.

Les Mycéniens voulurent briser ces contraintes économiques préjudiciables à leur survie et attaquèrent et détruisirent Troie et Chypre. Mais leur retour n'était pas assuré. Cette période correspond aussi à une période de grande sécheresse. L'analyse paléoclimatique des sédiments de la mer Morte (voir ci-contre) montre que des phases plus chaudes et moins pluvieuses (en orange) ont durablement affectées la partie orientale de la Méditerranée. Les citadelles Mycéniennes subirent le contre coup de rivalités et de disettes. Les peuples de Troade vaincus, abandonnés par les Hittites, déferlèrent vers le sud, vers la riche Égypte peut être même accompagnés par leurs agresseurs, alors que petit à petit les Doriens venant du nord, viennent s'établir sur une Grèce déjà en ruine. Les phrygiens aussi en profitèrent pour achever l'entreprise de destruction de l'empire Hittite (à moins qu'ils n'en furent les principaux responsables).

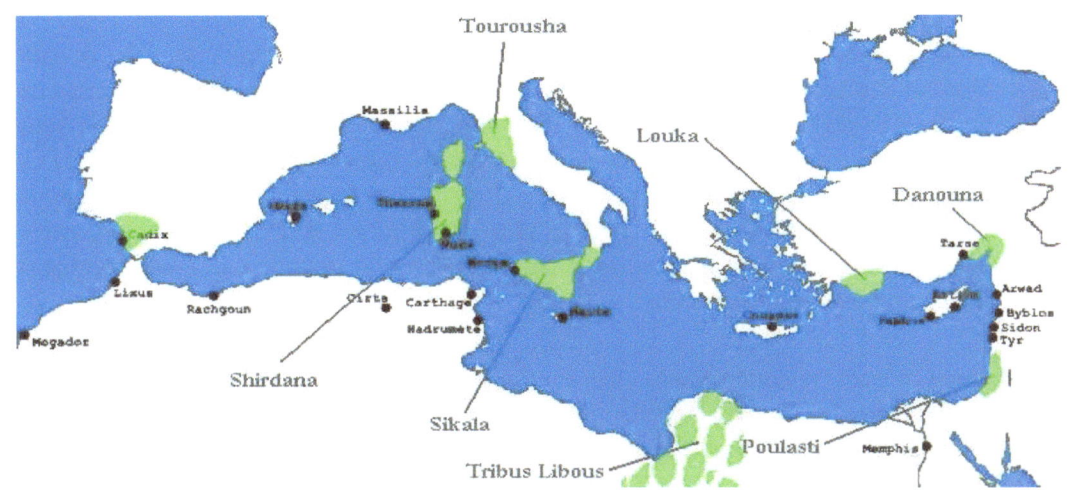

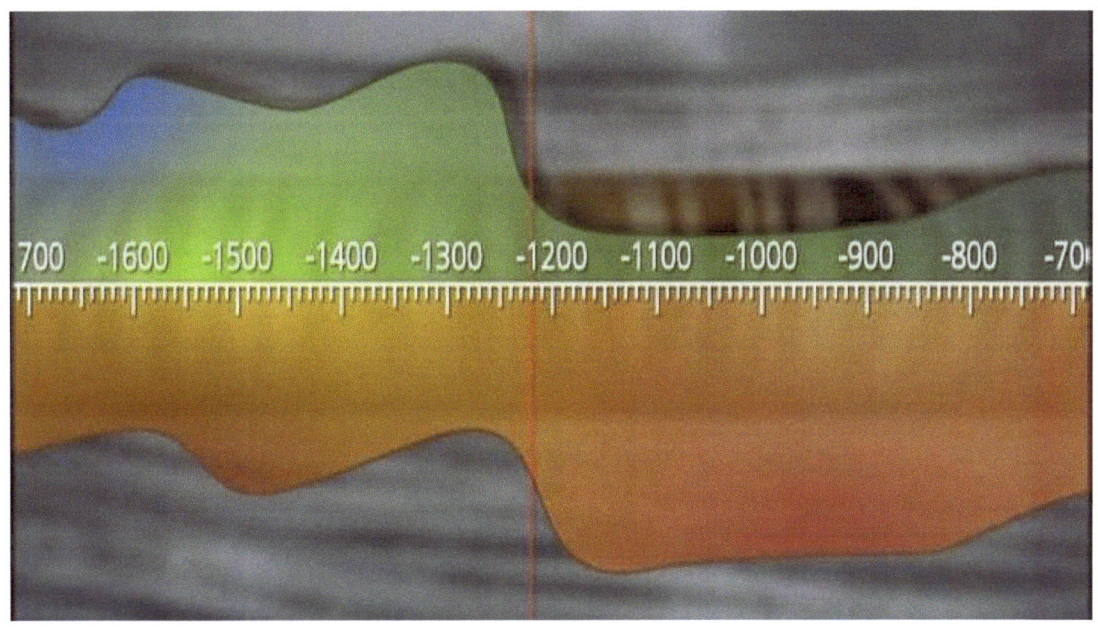

Notons cependant la tendance actuelle à faire du changement climatique un deus ex machina pour expliquer le déclin d'une civilisation. Sans en évacuer les effets, la pensée unique et moralisatrice des Cassandre d'aujourd'hui pousse à des interprétations simplistes en occultant d'autres évidences. C'est le cas de cette crise de la fin de l'âge du bronze privilégiant, à tord, des migrations climatiques lentes et sans violence. Ainsi les murs de Medinet Habu ne seraient que le support de propagande de Ramsès III. Les appels de détresse du roi d'Ougarit ne seraient que délire paranoïaque ? Les événements actuels montrent le rôle des guerres de territoire, des guerres économiques liées à des blocus, dans les migrations de peuple. Le blocus d'Odessa fera t il surgir d'autres Odyssées?

Voilà ce qu'écrit l'historien Mario Liverani (Le pays d'Ougarit autour de 1200 av. J.-C.): "Personnellement, en tant qu'historien, j'écarterais volontiers tout de suite les causes naturelles, non historiques. On en a proposées en effet, et du type classique. Qu'il suffise ici de rappeler le tableau climatique proposé notamment par Rhys Carpenter pour expliquer l'écroulement des civilisations du Bronze Récent dans toute la Méditerranée orientale. Et on sait bien que le fouilleur même de Ras Shamra (Ougarit) , M Claude Schaeffer, avait un penchant tout particulier pour les tremblements de terre. Évidemment, ces explications n'expliquent rien ou presque: le climat n'est que le cadre (d'une très longue durée) dans lequel il faut toujours inscrire les faits historiques: il peut définir les grands chapitres de l'histoire de la démographie et du peuplement d'une région, mais pas ses épisodes particuliers. Inversement, le tremblement de terre est trop éphémère, il peut expliquer l'écroulement d'un bâtiment, voire d'une ville entière, mais pas l'abandon d'un site (ni d'une région) dans une plus large perspective dans le temps et dans l'espace."

Ce fut une véritable migration car ces peuples sont descendus en Égypte avec des chariots traînés par des bœufs et avec femmes et enfants (page 39, une représentation de la bataille sur terre à Medinet Habu). Ils recherchaient non pas à rentrer chez eux mais à s'installer sur des terres plus clémentes. Homère a embelli au travers de l'Odyssée ces mouvements issus de la dernière guerre de Troie.

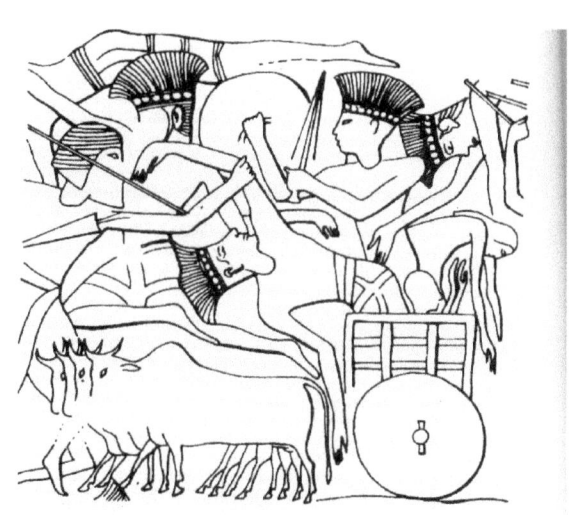

La migration d'Énée: des Teresh aux Étrusques

L'Anatolie est d'une richesse linguistique incontestable. Passage entre l'Europe et l'Asie, notamment vers les grandes cultures Mésopotamiennes, des langues et des artefacts y ont sédimentés et permettent de retracer une histoire. Par exemple, les noms des rois de Wilusa cités par les Hittites donnent des indications sur leurs origines. Kukunni, Walmu, sonnent Louvite et Alaksandu Grec. Une conséquence de la mixité entre ces peuples par le commerce, les guerres mais surtout les alliances, les mariages. Pour autant ils est difficile de connaître la langue des Troyens. Le sceau trouvé à Troie avec des hiéroglyphes Louvites orienterait vers cette langue, en tout cas comme langue "officielle". Un autre indice, Priam de l'Iliade peut être rattaché à Priyamuwa qui veut dire en Louvite "Plein de courage". Mais peut-être parlaient ils Étrusque comme nous le proposons ci-dessous.

On sait aussi sur des bases linguistiques et archéologiques (Starke, Beekes) que le Lydien (ou Maiones) était parlé dans cette zone du Nord-Ouest de l'Anatolie (qui à la fin de l'age du bronze correspondait à Wilusa et Masa).

E n ce qui concerne l'origine des Étrusques, il est certain que le Lemnien et l'étrusque était présents à Lemnos et Troade (langue mère le Proto-Tyrsénique et le Rhaétique) et comme on retrouve cette culture en Toscane, la question de mouvement de peuple Étrusque de l'ouest vers l'est (Toscane vers Lemnos) ou de l'est vers l'ouest (Lemnos-Troade vers Toscane) se pose.

Quelques éléments en faveur d'une migration de l'est vers l'ouest (cf Alwin Kloekhorst):

- Hérodote et Dionysos d'Halicarnasse s'accorde sur une migration des Étrusques de Troie vers la Toscane, celle-ci sous le commandement d'un Lydien appelé Tyrrhenos.
- Beekes (2003) donne crédit à ces récits proches de la légende à partir d'éléments archéologiques et linguistiques. Que le leader soit Lydien n'est pas en contradiction avec la situation de la Lydie à la fin de l'age du bronze. Celle-ci, en effet, correspondait à Masa (Maiones) au sud de la mer de Marmara, avec donc accès à la mer et proche de la Troade. Il apporte surtout d'autres éléments en faveur du scénario de l'est vers l'ouest.
- les Étrusques apparaissent comme des envahisseurs en Toscane, repoussant les Umbriens vers l'intérieur (Pline). Ainsi la culture dite Proto-Villanovienne apparaît vers 1150 av. J.-C. sur la côte Toscane puis celle dite Villanovienne (900 - 700 av. J.-C.) plus à l'intérieur, cette dernière donnant par la suite la culture Étrusque.

FIGURE 5: Blue dots indicate locations where, according to classical authors, Tyrsēnoi were living in Antiquity. Adapted from Beekes 2002, 209–210 (© Luwian Studies, #0130).

Énée et Anchise, par Pierre Lepautre, début du XVIII° siècle, musée du Louvre, Paris.

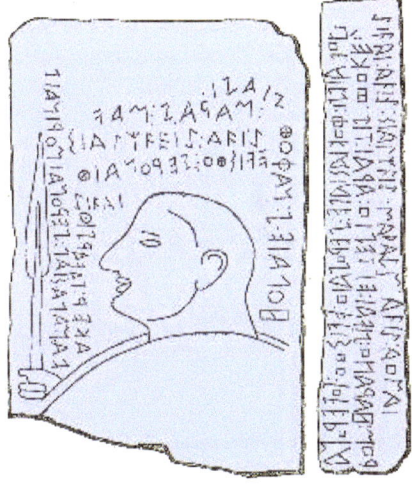

Inscriptions en langue Étrusque trouvées à Lemnos, patrie d'origine supposée des Teresh, apparentés et alliés des Tjekker-Troyens. Virgile dans l'Enéide nous parle de la migration des Étrusques partant de Troie après sa destruction pour ensuite coloniser l'Italie (Étrurie)

- à la même époque, lorsqu'apparaît la culture Proto-Villanovienne, d'abondantes céramiques de type Mycéniennes sont trouvées, liant les Proto-Villanoviens à la mer Égée.
- 1200 av. J.-C. correspond à la crise liée à différentes destructions et migrations. Les Égyptiens citent les Terseh parmi les envahisseurs et il est admis, certes sans certitude, que les Teresh correspondent aux Tyrsenoi ou Étrusques. Les Grecs nommaient Tyrsenoi non seulement les habitants de Toscane mais aussi des groupes de population du nord-ouest d'Asie mineure et des îles à l'est de l'Hellespont. Ainsi sont inclus le sud de la mer de Marmara, la Troade et les îles au nord de la mer Égée: Lesbos, Tenedos, Imbros, Lemnos et Samothrace.
- Beekes va même supposer que la langue principalement parlée à Troie est l'étrusque (ou plutôt, le Proto-Tyrsenic). Énée n'était qu'une figure mineure de Troie chez Homère, mais non dans la culture Étrusque et ce, avant même que Virgile au travers de l'Enéide, sept siècle plus tard, en fit le héros fondateur. Il figure, en effet, sur un vase étrusque du septième siècle avant JC.
- le héros étrusque Tarchon (de même le roi Tarquin) est à rapprocher linguistiquement de Tarhun, grand dieu des Louvites et des Hittites.
- autre personnage reliant les Étrusques aux Peuples de la Mer, le père d'Énée, Anchise, qu'il porta sur ses épaules fuyant Troie. Le nom d'Anchise se retrouve aussi dans l'histoire des Philistins. C'est un certain Anchise (Achish), roi Philistin de Gath, qui accueillit David.

Louvites et Philistins

Le chaînon manquant : la "Luwian connection"

La re-découverte d'une copie des inscriptions trouvées au XIXéme siècle à Beyköy en Turquie relance l'intérêt porté aux peuples Louvites de l'Est Anatolie et lève un voile sur leurs rôles dans la conflagration de l'Orient méditerranéen à la fin de l'age du bronze.

- origine du texte : une dalle gravée en hiéroglyphe Louvite (daté de 3200 ans) de 29 mètres de long a été découverte à Beyköy en 1878 puis copiée par l'archéologue Français George Perrot avant que cette dalle ne soit réutilisée par les villageois pour la construction d'une mosquée. La copie a été retrouvée chez le préhistorien Anglais James Mellaart après sa mort en 2012 et envoyée par son fils à Eberhard Zangger, président de la fondation d'études Louvite afin d'être traduite. Zangger et Woudhuizenn, ce dernier spécialiste de la langue Louvite, viennent de publier en janvier 2018 les résultats.

- Le texte raconte la montée en puissance du royaume de Mira, faisant partie d'Arzawa, et de son roi Kupanta-Kuruntas. Ce dernier après avoir été responsable de la destruction de Hatti lança une campagne militaire menée par son allié Troyen Muksus, avec expédition navale, lequel pris Ashkelon et y construisit une forteresse.

Ainsi plusieurs liens sont renoués sur cet événement majeur de la fin de l'âge du bronze :

-   les peuples de la mer seraient composés essentiellement de Louvites (ce qui était déjà pressenti)

-   le royaume de Mira est le responsable principal des invasions (nouvel éclairage). Le nom de Kupanta-Kurunta apparaît pour la première fois dans des textes avec cependant d'autres occurrences de ce nom antérieurement. On sait cependant que l'originalité des noms tant Hittites que Louvites n'était pas leur préoccupation : il y eut ainsi trois Hattusili, trois Amuwanda, trois Tudhaliya,... et donc trois Kupanta-Kurunta.

-   le texte donne la lignée de ce roi : Mashuiluwa (déjà cité dans des textes Hittites mais comme roi de Misa ?), puis Kupanta-Kurunta (cité aussi), puis Alantallis (idem), puis Mashuita (nouveau) puis enfin Kupanta-Kurunta (un était cité à cette époque mais comme roi de Tarhuntassa). Coté Troyen, le roi Walmu (déjà cité dans la lettre de Milawata) et son successeur Muksus (dont parle l'inscription de Karabel mais lié avec les mots Hiyawa, Danuna, donc Grec et non pas Troyen). Sur ces relations, voir tableau en annexe.

Que dire si ce n'est que ces informations tombent de façon très opportune (trop) par rapport aux interrogations qui se posent sur cette période :

- le rôle des Louvites (et pourquoi pas du royaume de Mira) : déjà, en 2016, Zangger écrivait dans " The Luwian civilisation " (page 150), " Perhaps the king of Mira assumed this task because Mira was then the largest and most influential country in the west. ". Rien ne le laissait portant supposer avant la traduction de l'inscription plus tardive. Belle confirmation.
- Le rôle de Muksus à qui Kupanta-Kurunta donne mission de prendre Askhelon. Cela renforce la légende de Mopsos explorateur (envahisseur) du sud de la Turquie (Cilisie avec la trace historique de l'inscription de Karatepe) et du Levant, reprenant l'historien Lydien Xanthos qui fait voyager Moxos vers le sud jusqu'à, justement, Ashkelon. Parcours donc des Peuples de la Mer.
- Le texte fait de Muksus un Troyen alors que tout indique tant dans la légende que dans les textes qu'il fut un Hiyawa (Achéen) et plus précisément un Danuniym (Danuna, Danéen), fondateur d'Adana en Cilisie. Selon les inscriptions de Karatepe, les Adawani (DNNYM) d'Adaniya, ville de cette province de Cilisie, Achéens et Denyens ou Danuna, sont liés par une ascendance commune : Mopsos de Colophon,- L'inscription parle de Pulasati comme une région alors que les Philistins (Pulasti en grec ou Peleset en Égyptien) n'y sont pas encore installés. Une inscription découverte à Alep et datant de 1100 – 1000 av JC, donc plus tard, cite le nom de Taitas, roi de la terre de Palastin, c'est à dire des Philistins.

Autres interrogations concernant la véracité du texte " re-découvert " :
- dommage que la dalle avec les inscriptions fut réutilisée par les villageois
- dommage que l'original de George Perrot ait disparu.
- dommage que ce dernier dans son livre " History of art in Phrygia Lydia Caria and Lycia " écrit en 1892 (donc après sa visite supposée à Beyköy) ne parle pas de l'inscription dans un livre de 428 pages rempli de dessins de monuments ou d'œuvres d'art. Pourtant il cite page 79 la découverte par le professeur Ramsay d'un tumulus à Bey Keui comportant des blocs gravés mais il s'étonne ainsi : " it seems strange that the author should never have published the inscription. "
- dommage que James Mellaart fut impliqué dans quelques affaires de faux.

inscription de Beyköy

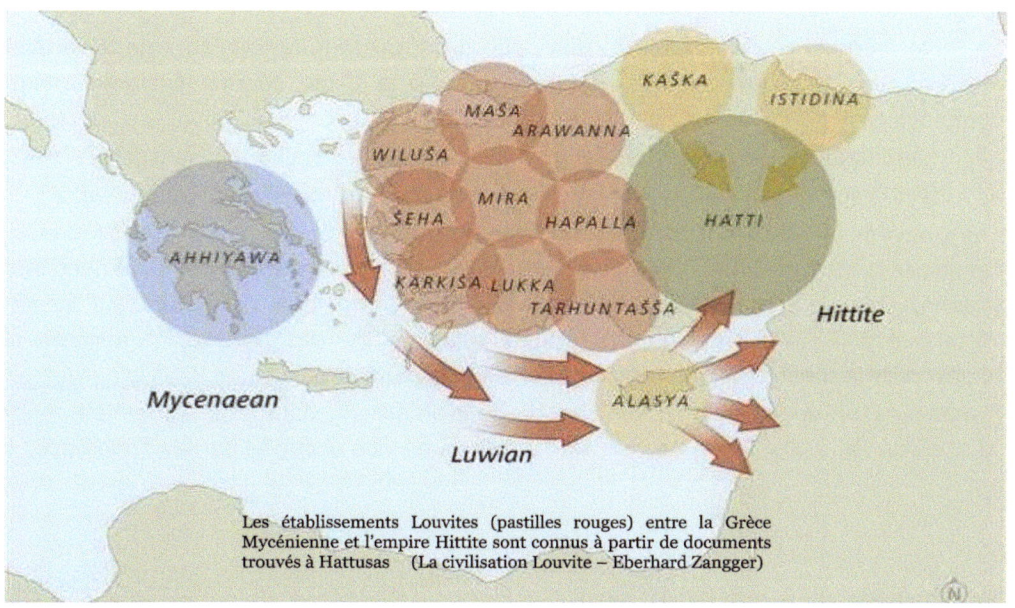

Les établissements Louvites (pastilles rouges) entre la Grèce Mycénienne et l'empire Hittite sont connus à partir de documents trouvés à Hattusas   (La civilisation Louvite – Eberhard Zangger)

Les Philistins:

Le membre le plus important de la coalition des Peuples de la mer était les Peleset, c'est à dire les Philistins. On connaît leur apparence, cuirasse, kilt, bouclier rond, épée Mycénienne au cou et surtout casque à plumes. Mais on pense aussi qu'ils n'étaient pas les seuls ainsi accoutrés. Les Tjekker - Troyens, les Weshesh et les Denyen - Danéens devaient être identiques.

On a trouvé un rond de casque en bronze daté d'environ 1200 av. J.-C. à Praisos-Foutoula en Crète. Voir page 33 la reconstitution par A. Salimbeti.

Les casques à plumes se retrouvent donc en Crète, à Chypre et à des périodes différentes dénotant le caractère Égéen pour ne pas dire Grec de ces équipements.

Les fouilles menées sur les villes Philistines en Israël ont permis de rattacher la culture de ses occupants aux cultures Égéennes voire Mycéniennes.

Des poteries Mycéniennes IIIC sont trouvées sur les ruines d'Ashdod, d'Ekron, de Gath. Les palais présentent un foyer de type megaron.

Les rois Philistins étaient appelés Seren équivalent du grec Tyran.

Par ailleurs les sarcophages Philistins présentent les coiffes à plumes des Peleset et le motif de tête d'oiseau identique aux proues des navires de Medinet Habu est représenté fréquemment dans les peintures, confirmant ainsi l'équivalence entre Peleset et Philistins (page 37).

La Bible prend le relais d'Homère. Elle parle de la Crète (Caphtor) comme terre d'origine des Philistins Ce n'est pas tout à fait faux mais la Crète comme Chypre étaient des comptoirs.

Les Philistins étaient des Égéens venant de Troade ou des Balkans (Pélasges).

Ils s'installèrent sur cinq villes (pentapole): Ashkelon, Ashdod, Ekron, Gath et Gaza.

Les Denyens s'installèrent plus au nord et ils finirent par se mêler avec les Hébreux pour constituer la tribu de Dan. Probablement auparavant colonisèrent ils la Cilicie avec Mopsos (Adana). Dans le chant de Deborah, celle ci dit: "pourquoi Dan s'est-il tenu sur les navires ?" (Juges 5.17). Un souvenir de l'origine maritime de ces peuples ?: appelés aussi: "Denyen de la mer" , "Shekelesh qui vivent sur leurs navires".

Par ailleurs, un texte Égyptien, dit "rapport de Wen Amon", datant de la première moitié du XI ai siècle va. J.-C. , fait référence à Dr comme une ville occupée par les Trekkeuse.

rond de casque en bronze daté d'environ 1200 va. J.-C. à Paraisons-Foula en Crète.
reconstitution par A. Saltimbanque.

sarcophage trouvé dans la région de Beth Sean
datant du thème-. va. J. C.

motif oiseau caractéristique de la poterie philistins

poteries et figurine Philistins

Les fouilles archéologiques menées sur ces différents sites ont trouvé en quantité des poteries dites Mycénienne ICI.

Nous devons surtout à Rude et Moche Dot han de mieux connaître ce peuple et la richesse de sa culture. On ne comprend pas que ce nom désigne aujourd'gui une personne qui a peu de goût pour les arts et la littérature.

Beaucoup d'autres objets archéologiques des cités Philistins portent la marque de l'artisanat Égéen. La Bible parle peu de leur culture si ce n'est pour les dénigrer.

Concernant **la religion des Philistins,** les sources bibliques sont peu prolixes si ce n'est qu'ils avaient des temples en l'honneur de Lagon et Belzébuth et forcément peu solides puisque Samson a pu les détruire en écartant leurs colonnes. Les sources archéologiques heureusement viennent révéler de plus intéressants indices. En particulier l'étude des dépôts cultuels trouvés soit dans les temples, soit dans les habitations : vases, encensoirs, figurines, autels, objets phalliques, céramiques animales ou florales (grenades), inscriptions, … On doit mentionner des représentations (figurines ou gravures) d'une déesse assise sur un trône de facture égéenne ("la déesse intronisée") que l'on retrouve par exemple sur un sceau Mycénien à Tirons, sur un sceau cylindrique à Asphodèle, et peut-être sur un cratère d'Ashkelon (page 51). Là, elle tient un calice. On a surtout souligné pour ces figurines d'Ashdoda (baptisées ainsi car initialement trouvée à Ashdod), une identité égéenne bien que certains auteurs suggèrent un lien avec Canaan, d'autres avec la Kybele / Kubaba anatolienne. Cette déesse est elle celle représentée dans le palais de Tiglath-pileser III à Nimrud dans une procession ? Il y a une forte probabilité que ces représentations de divinités portées en procession proviennent de Gaza en relation avec la rébellion du roi Hanun et la prise de villes Philistines par les Assyriens. Dans la procession, la déesse féminine assise à l'extrême droite semble être représentée tenant une coupe conique (un kylix ?) similaire à la représentation d'Ashkelon, (à moins que l'objet tenu soit une fleur ou un anneau et des gerbes de céréales, le reliant à la déesse anatolienne Kubaba).

Des coupes coniques de libation ou calices ont été retrouvées dans des temples. C'est celle que porte la déesse dans les représentations déjà citées. L'analyse de la matière organique trouvée au fond de cet objet de culte important montre aussi un usage de brûleur d'encens dans lequel étaient brûlées des substances hallucinogènes (comme la trimyristine). Un lien peut-être avec des cérémonies extatiques, telles que celles qui se célébraient en Crète autour de divinités féminines.

Museum of Philistine culture, Ashdod, Israel

Nous pouvons voir la ressemblance entre Ashdoda (ci-dessus à gauche) et des statuettes l'une trouvée à Mycènes (à droite) ou à Dimini, de culture Pélasgique (ci-dessous).

Les archéologues ont trouvé en fouillant un temple Philistin à Tel Miqne (Ekron) une inscription en Phénicien:

"Le temple qu'il construisit, Kys, fils de Padi, fils de Ysd, fils de Ada, fils de Ya'ar, roi d'Ekron, pour Ptgyh sa dame. Qu'elle le bénisse et le protège et prolonge ses jours, et bénisse sa terre."

Ce texte donne deux indications intéressantes: le nom du roi d'Ekron, Achish (Anchise, Kys, Ikausu), et le nom d'une divinité à savoir Ptgyh que sollicite Ikausu. Les universitaires pensent qu'il convient de lire soit Gaïa de Pytho, soit Potnia Gaïa. Ptgyh a été associée au sanctuaire de Delphes connu sous le nom de Pytho, le sanctuaire de Gaia, la déesse mère mycénienne.

Comme vu précédemment, la Bible nous parle aussi d'un certain Anchise, roi de Gath, qui accueillit David. Rappelons-nous qu'Anchise était aussi le nom du père d'Énée ...

La Bible nous dit aussi que le roi David avait une garde composée de mercenaires, les Péléthiens (Philistins) et les Kéréthiens (Crétois ou peut-être Hittites / Khétéens). Ces derniers auraient donc pu accompagner la migration, certains s'arrêtant au Mitanni pour créer la civilisation Néo-Hittite. De fait le temple de Medinet Habu présente des prisonniers d'apparence Hittite.

Les textes d'Ekron et la représentation assyrienne de la procession peuvent indiquer un culte philistin tardif combinant des dieux égéens et cananéens. Les divinités égéennes ou leurs variantes ultérieures témoignant de l'origine des Philistins n'ont donc pas été oubliées à l'age du fer et ont été vénérées d'une manière plus localement levantine.

Ce « panthéon » comprend deux ou trois déesses (une levantine, peut-être Ashera et une déesse égéenne, peut-être Ptgyh), et un dieu mâle levantin (un dieu du temps, peut-être Ba'al). Le culte d'un dieu masculin du Proche-Orient par les Philistins est mentionné dans la Bible hébraïque, soit en ce qui concerne Dagon d'Ashdod ou Ba'al Zebub d'Ekron, des dieux à consonance sémitique.

Quoique pour Dagon ou Dagan, on peut y voir aussi une consonance Hittite proche de Tekan, la terre (Cthon en grec) ou de Tahrunt (Louvite). Ce pourrait être l'équivalent du Grec Kronos, parèdre de Rhéa, la Grande mère, la Mère des Dieux, Matar Kybele.

L'inscription de Beyköy, pour autant qu'elle soit validée, donne les noms des trois divinités Louvites principales (triades) qui sont Tahunt, le dieu de l'orage, le dieu (ou déesse?) des champs et Kupapa, l'équivalent de Kybele.

1. Un sceau mycénien de Tirynthe, Grèce
2. Un cratère peint d'Ashkelon
.3. Une figurine d'Ashdoda
4. Un sceau-cylindre d'Ashdod
5. Une procession avec des statues de dieux ramenées de Gaza (?) (palais de Tiglath-pileser III)

Ci-dessus, le temple de Tel Qasile montre les bases de deux colonnes d'entrée qui sont très rapprochées, permettant de penser que Samson aurait pu facilement les ébranler. Autre élément Égéen, l'autel découvert à Tel el Safi (Gath) avec les deux cornes de consécration typique des cultes Minoens.

Ci-dessous une similitude entre Potnia Theron, équivalent archaïque d'Artémis, gravée sur un coffre en ivoire Mycénien (à gauche) et une figurine Philistine (à droite).

Potnia en grec archaïque veut dire dame ou maîtresse. A Pylos on a trouvé un texte parlant d'une Potnia Aswyia (c'est à dire Potnia venant d'Assuwa (Lydie)). Potnia serait-elle une divinité Philistine comme l'indiquerait aussi le texte ci-dessous.

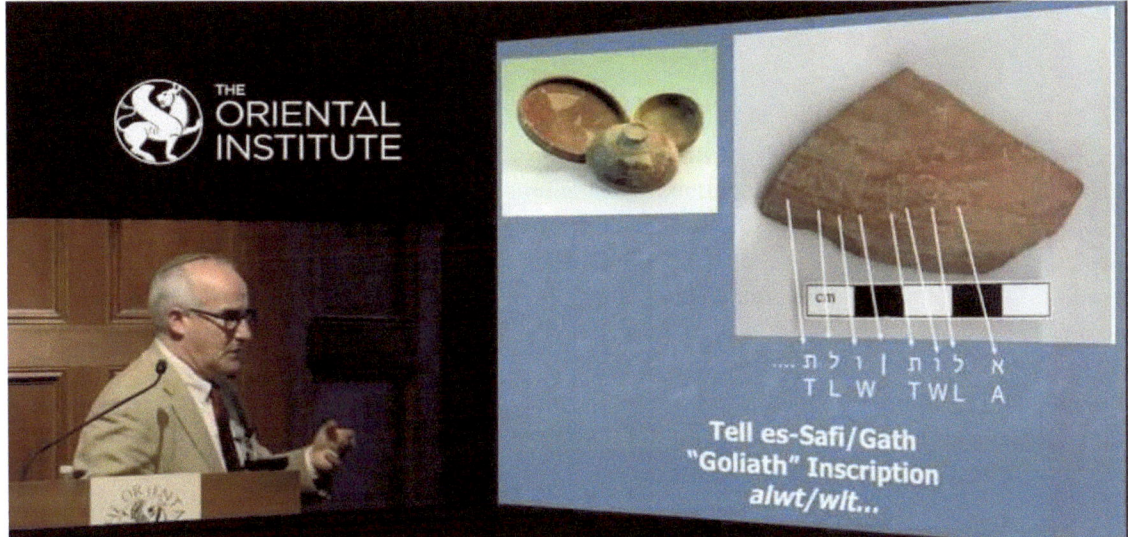

A Gath on découvrit un morceau de poterie Philistine avec l'inscription Alwattes, nom de consonance Louvite qui n'est autre que l'équivalent de Goliath. Voir ci-dessus lors de la conférence du professeur Aren Maeir. La Bible nous représente le Philistin Goliath avec la cuirasse et jambières Mycéniennes et l'usage de régler un conflit par un duel à la préparation duquel on choisissait un héros, était typiquement une pratique Égéenne.

Enfin, parmi les dernières découvertes concernant les Philistins, celle de tombes situées hors des murs de la ville d'Ashkelon et datées entre le 11éme et 8éme siècle avant JC (voir photo ci-dessous). Elle témoigne du style de vie des Philistins (nombreux artefacts tel que flacons, poteries, bijoux, armes, ... témoignages d'une grande culture) et des pratiques funéraires.

Destruction - Reconstruction

Il y eut donc des guerres « pour » Troie, des iliades et des odyssées, des destructions et des exils, des migrations et des reconstructions. Événements éminemment remarquables à la fin de l'âge du bronze pour que des aèdes s'en saisissent et les transmettent pendant des siècles jusqu'à ce que l'usage de l'alphabet permette de les coucher sur des livres. Les premiers de l'histoire de l'humanité. Ainsi l'histoire et le mythe se confondirent et c'est ce dernier qui prit l'ascendant sur la perception de notre passé: L'important était de prôner les valeurs portées par des héros: courage, fidélité, honneur … jusqu'à oublier que les histoires étaient vrais. D'abord Schliemann mais surtout ses continuateurs et les dernières découvertes archéologiques rétablissent une vérité au delà de la vision mythique et embellie inscrite sur les vases antiques et reprise dans les péplums.

Plusieurs éléments sont rassemblés pour expliquer l'effondrement des civilisations de la Méditerranée orientale à la fin de l'âge du bronze:
- un changement climatique avec des sécheresses provoquant des famines comme l'atteste les études palynologiques et les différentes missives d'appel à denrée de la part d'Ougarit, des Égyptiens comme des Hittites.
- un embargo sur les matières premières: le cuivre et l'étain. Un effondrement brutal du commerce international. Comme l'écrit Christopher Monroe de l'université Cornell, les riches cités-États de la Méditerranée orientale avaient été les plus sévèrement touchées par les événements du XII e siècle av.J.-C. car elles étaient non seulement des cibles particulièrement attrayantes pour des envahisseurs mais aussi les plus dépendantes du commerce international.
- une instabilité politique et économique en résultant et entraînant de nombreux conflits et par voie de conséquence des migrations de populations en déshérence.
Ces mouvements migratoires se sont traduits par de nouvelles destructions, des colonisations de terre et une recomposition du paysage géo-politique de l'ensemble de la Méditerranée.
- on peut parler « d'effondrement systémique » et d'effet dominos.

L'ampleur de l'effondrement de plusieurs civilisations de la Méditerranée orientale est exceptionnelle dans l'histoire de l'humanité. La Grèce connut trois siècles « d'âge sombre ». L'empire Hittite disparut laissant aux néo-hittites la province du Mitanni.

L'Egypte ne retrouva plus son âge d'or « pharaonique » de l'age du bronze. De grandes cités furent détruites: Mycènes, Troie, Ougarit, … Le paysage géo-politique changea: peuples nouveaux (Étrusques, Sicules, Sardanes, Philistins, Doriens, …), age du fer, fin du système palatial, apparition de l'alphabet, de la démocratie. Une reconstruction en quelque sorte.
Voilà une façon historique de lire l'Iliade et l'Odyssée.

Une autre, politique celle-là, serait d'évoquer les leçons de ce désastre: faillite de systèmes dépendants d'un approvisionnement en matière première (cuivre / pétrole), d'interaction commerciale de plus en plus globalisée (la fin de l'age du bronze a connu un nombre important de lois et traités et nous donc aujourd'hui?), zones d'influence sans cesse remises en cause, systèmes fragilisés face à des changements climatiques et des populations forcées par les conflits à migrer vers des terres plus clémentes.
Notre civilisation elle aussi est mortelle.
Actuellement, pour des raisons de conflits, de disettes, de changement climatique, on assiste à des migrations mais en sens inverse. Alors qu'à la fin de l'age du bronze on constatait des mouvements vers le sud de peuples confédérés, aujourd'hui, plus de trois millénaires après, ce sont des peuples du sud, de l'Afrique et du Moyen Orient, qui tentent de s'installer en Europe. Ainsi, la route dite des Balkans (voir carte précédente) passant par la Turquie et la Grèce est le réplique inversée des mouvements des Peuples de la mer. Aujourd'hui encore ce sont des peuples de l'Ukraine qui cherche refuge à l'Ouest. Le blocus d'Odessa va entraîner des bouleversements économiques dans le monde entier dont on ne perçoit pas totalement les conséquences.

Christopher Monroe a écrit:
« les destructions violentes de la civilisation palatiale de l'age du bronze récent, attestées dans des vestiges archéologiques et des textes, ont été, comme de nombreux effondrements, le résultat inévitable d'une perspicacité à courte vue. »

Dans « la guerre de Troie n'aura pas lieu », Giraudoux fait dire à Ulysse: « Le privilège des grands c'est de voir les catastrophes d'une terrasse. »

Il n'est plus sûr aujourd'hui que les grands surplombent en toute sécurité les peuples.

L'Empereur Néron contemplant l'incendie de Rome", peinture sur verre, XIX ème siècle. Photo © Leemage

ANNEXES

« j'ai vu de vieux navires glisser tels des cygnes endormis.
Au delà du village que les hommes appellent Tyr, surchargés du plomb des années, ils creusèrent profondément la mer, vers Famagouste; et le soleil déjà couché, ceinturant la noire Chypre d'un lac de feu, et tout ces navires étaient certainement si vieux… »

J.E. FLECKER

années	roi Hittites	Arzawa Minor (Apasa)	Wilusa (Taruisa)	Mira (réf. Beyköy)	Seha	Autres
1650 - 1620	Hattusili I					
1420 - 1400	Tudhaliya I	Piyamakurunta, Kukkulli, Maha-Ziti				
1400 - 1375	Arnuwanda I	Kunpata Ruta		Kunpata Kurunta ?		Madduwatta * (*Madyates*)
1375 - 1355 1355 - 1320	Tydhaliya II Suppiluliuma I	Tarhundaradu			Muwawalwi	
1320 - 1290 ?	Arnuwanda II, Mursili II,	Kubantakurunta Uha Ziti * Piyama-Kurunta	Kukkuni (*Kuknos*)	Mashuiluwa (Misa?)	Ura-Tarhunda	Tarkasnalli (Haballa)
1290 - 1272 1272 - 1265	Muwattali II Mursili III	(Piyamaradu *)	Alaksandu (*Alexandre*)	Kupanta-Kurunta	Manapa-Tarhunta Masturi	Urahattusa (Haballa)
1265 - 1240	Hattusili III	(Piyamaradu *)	(Piyamaradu *)	Alantalli		
?				Mashuittas		Tarkasnawa (Tarkondemos)
1240 - 1215	Tudhaliya III et IV		Walmu (*Elymus, Almos*)		Tarhunaradu *	Kurunta (roi de Tarhuntassa)
1215 - 1205	Arnuwanda III		Muksus (*Mopsos*)	Kupanta-Kurunta		
1205 - 1180 ?	Suppiluliuma II	Mashuitta				

* rebelles

entre les Hittites et Arzawa

awa	Archives	Faits	
		Campagne contre Arzawa	
	texte de Tudhaliya	Constitution de la ligue d'Assuwa, Défaite en 1400, Trophée épée Mycénienne en 1400	nomination de Wilusa, terre de Taruisa, et existence de liens avec Mycène
ssyas * ws)	Accusation contre Madduwatta	Madduwatta attaqué par Attarissyas est défendu par les Hittites, Attarissyas est défait par le général Kungili puis trahison de Madduwatta qui s'allie avec Arzawa et Attarissyas et attaque avec ce dernier Alasiya	
	Lettre de Tarhundaradu à Nestor (Pylos) Disque de Phaistos	alliance Arzawa et Egypte (Amenhotep)	
		Expédition contre Millawanda (1320) Guerre Hittite contre Arzawa (Uha Ziti fuit en pays Ahhiyawa)	
erneur en de anda)	Traité d'Alaksandu lettre Manapa-tarhunda	diplomatie Hittite pour préparer Qadesh raid de Piyamaradu et de son beau père Atpa contre les vassaux des Hittites: prise de Lesbos et peut être de Wilusa (Troie VI) troubles en terre des Lukka	guerre à Wilusa (Troie VI?), localisation Wilusa et Seha, Le traité parle des dieux des troyens dont Appaliuna (Appolon)
galawa cles)	Lettre de Tawagalawa	intervention des Hittites passant par Seha, Tawagalawa, frère du roi des Ahhiyawa est appelé pour protéger les fugitifs, Piyamaradu s'enfuit en Grèce	
		inscriptions de Karabel	localisation de Mira
	Traité de Sausgamuwa lettre de Milawata	blocus contre les Ahhiyawa (Amurru,) Millawata prise par les Hittites Walmu, roi du Seha, mis sur le trone de Wilusa	localisation de Tarhuntassa, Kizzuwadna et la terre des Lukka
	Inscription de Beyköy	attaque (bataille navale) contre la Lycie (Lukka) et reprise d'Alasiya Attaque des Peuples de la Mer contre Meneptah en 1208	
	échange de lettres entre Alasia et Ugarit inscriptions du temple de Medinet Habu	Destruction de Mycènes 1190 - 1180 ? attaque des Peuples de la Mer sur Arzawa et Hatti puis sur Ugarit (destruction vers 1185) Attaque sur l'Egypte en 1175, Fin de l'empire Hittite en 1175	guerre de Troie (Troie VIIb) vers 1200 ou 1180

HOMERE	EGYPTE	HITTITE	Autres (Hérodote,,,,,)	Appellation actuelle	Localisation	Origine
Achéens	Aqajwasa Ekwesh M	Ahhiyawa		Grecs Mycéniens	Grèce Milet(Millawanda)	Thraco-Phrygien
Danoi	Tanayu Danaja				Argos, Egée,	Thraco-Phrygien Hyksos?
Danéens	Denyen * RIII		Danuna		Cilisie (Adana) ?	Louvite
Troyens	Tjekker * Thekel RIII		Teukroi		Troie	
Dardaniens	Teresh M	Taruisha	Tursha Tyrsenoi	Etrusques	Troie, Lemnos	Proto-Ionien Thraco-Phrygien
	Derden Dardany QH		Dardanoi		Troade, Dardanelles, Héllespont	
Zéleiens		a r z a w a			Troade	
Pelasges	Peleset * RIII		Pulasti	Philistins	Thessatie (Larisa), Egée, Crète	
					Pisidie - Hapalla Chypre	Louvite
Lydiens Mysiens	Mesa QH				Lydie (Sheha River Land)	Louvites
Lydiens Maeoniens	Shekelesh M, RIII	Shekhariya, Sikalayu	Sakarusu, Sikel, Sikeloi	Sicules	Lydie (Sheka River Land), Pisidie (Sagalassos ?)	
	Sherden QH, QE, M, RIII		Shirdanu, Shardana	Shardanes	Lydie (Sardis)	
Cariens	Weshesh RIII	Wasasa	Ausones?		Carie (Wassos) Karkisa	
Lyciens	Lukka QH, M	Lukka			Lycie Tr~mmili	
Thraces Ciconiens Paeoniens		Mushki, Mukshush		Thraces	Thraces	Illyro-Thrac
Phrygiens				Phrygiens	Thraces ou Est Arzawa	
Paphlagoniens		Kaskha			Nord Anatolie (Pala > palaic) et voisins des Kashkas	
Halizones				Hittites ?	Centre Anatolie Rivière Halys pays de l'argent	
	Meshwesh M		Maxyes	Lybiens	Lybie	

mythiques Héros éponymes	Lieu implantation	Noms Illiades	Noms Bible	Noms Hittite	Inscriptions, textes
(Kadmos?)				Attarisiyas(Atrée) Tawagalawas (Etéocles)	Accusations de Madduwattas et Affaire Tawagalawas
Danaos	Cilisie (Adana) Palestine (Dan)		tribu de Dan		Papyrus Harris
Mopsos	Palestine (Dan)				Inscription de Cinköy lettres d'Armana
Teucros, Teucer, Akamas	Chypre (Salamis) puis Palestine (Dor)	Priam, Alexandre (Paris) Hector		Piyama-Muwa, Alaksandu, Walmu	Traité d'Alaksandu, Rapport de Wenamon, Papyrus Harris, Hérodote (Paris le Teukrien)
rsenos, Enée	Etrurie, mer Thyrrhénienne	Enée, Anchise			Tombe Egyptienne d'En Tursha, inscription Etrusque de Lemnos, Virgile (Eneide)
Dardanos		Acamas 3 Archelochus Theanus			alliés des Hittites à Qadesh
ère, de Chimarrhus, qui écumait les cotes anatoliennes		Pandarus (légende dit qu'il migra de Troade vers la Lycie)			Plutarch
ns avec Tjekker	Palestine	Teutamides, Hippothous Pylaeus	Anchise, Goliath		Papyrus Harris, Fouille de Gath (Alyattes) représentations egyptiennes similaires
		Ascalos			
		Chromius Ennomus Eurypylus Telephus			
Tantalos	Sicile			Manapatarhunta	Lettre de Tudhaliya
	Sardaigne	Amphimacus Antiphus Mesthles Nastes		Kupanta-Kurunta Madduwattas Tarhunta-Radu Anzapahadu Uhha-Ziti	lettre de Amuwanda: accusation de Madduwatas lettres d'Armana Papyrus Harris
	Italie (Oscans)				
don, frère de Minos, endrait de Crète milae) / voir aussi Pandarus		Glaucus Sarpedon			lettres d'Armana
Mopsos ?		Acamas 2 Peirous Rhesus			
Midas	Hatti	Ascanius Phorcys			
Amazones		Telephus ?		Telepinu, dieu Hittite	
	Fezzan (Garamantes)				

Bibliographie

Homère :

- **L'Illiade**
  Homère   /   GF Flammarion   /   2000
- **L'Odyssée**
  Homère   /   Livre de poche   /   1996
- **Le monde d'Homère**
  Pierre Vidal-Naquet   /   Perrin   /   2000
- **Homère, Iliade**
  Alessandro Baricco   /   Albin Michel   /   2006
- **Ithaque :** de la vengeance d'Ulysse à la naissance du droit
Eva Cantarella   /   Albin Michel   /   2003

Troie :

- **Troy and Homer** : towards a solution of an old mystery.
  Joachim Latacz / Oxford University Press   /   2004
- **The Trojans and their neighbours**
Trevor Bryce   /   Routledge   /   2006
- **La guerre de Troie** : Au-delà de la légende
  Carlos Moreu / Editions Ithaque / 2008
- **Troia in Light of New Reseach**
   keynote lecture, Prof. Dr. Dr. h.c. Manfred O. Korfmann   /   Dies academicus 2003
- **The Trojan War**
  Eric H. Cline / Oxford University Press / 2013
- **La guerre de Troie a-t-elle eu lieu ?** : Enquête sur un mythe
  Stéphane Foucart / Librairie Vuibert / 2014

Fin de l'age du bronze :

- **The end of the bronze age :** changes in warfare and the catastrophe CA. 1200 B.C.
  Robert Drews / Princeton University Press / 1995
- **Collapse of the bronze age**
  Manuel Robbins / Authors Choise Press / 2001
- **L'Europe à l'age du bronze :** Le temps des héros
  Jean-Pierre Mohen et Christiane Eluère / Découvertes Gallimard / 1999
- **Forces of Transformation: The End of the Bronze Age in the Mediterranean**
  edited by Christoph Bachhuber and R Gareth Roberts / Oxbow Books / 2008
- **Bronze age Greek warrior 1600 – 1100 BC**
  R D'Amato § A Salimbeti / Osprey Publishing / 2011
- **1177 avant J.-C. Le jour où la civilisation s'est effondrée**
  Eric H. Cline / La Découverte / 2015
- **le pays d'Ougarit autour de 1200 av. J.-C.**
  Actes du colloque international / Editions Rechereche sur les Civilisations / 1995

Peuples de la mer :

- **Les peuples de la mer**
N. K. Sandars / Editions France-empire / 1981
- **The Sea Peoples and their world :** A Reassessment
  Edited by Eliezer D. Oren /   The University Museum – Philadelphia / 2000
- **Les peuples de la mer et leur histoire**
  Jean Faucounau / L'Harmattan / 2003
- **The Philistines and Aegean migration at the end of the late bronze age**
  Assaf Yasur-Landau / Cambridge University Press / 2010
- **Sea Peoples of the Bronze Age Mediterranean c.1400 BC-1000 BC**
  R D'Amato § A Salimbeti / Osprey Publishing / 2015

Israel / Philistins :

- **People of the sea :** The search for the Philistines
Trude Dothan and Moshe Dothan / Macmillan Publishing Company / 1992
- **Giving Goliath his due :** new archaeological light on the Philistines
Neal Bierling / foreword by P. L. Maier / 1998
- **La Bible dévoilée**
  Israel Finkelstein et Neil Asher Siberman / Folio Histoire / 2002

Monde Egéen :

- **The coming of the Greeks**
    Robert Drews / Princeton University Press / 1989
- **Les Anciens Chypriotes : Entre Orient et Occident**
Vassos Karageorghis / Armand Colin Editeur / 1991
- **La Crète Minoenne : du mythe à l'histoire**
    Andonis Vassilakis / Editions Adam / 1999
- **Grèce ou la solution d'une énigme**
    Mathieu Aref / Mnémosyne / 2004
- **Les origines Grecques à l'age de bronze**
    Jean Faucounau / L'Harmattan / 2005
- **The Mycenaens c. 1650 – 1100 BC**
Nicolas Grguric § Angus McBride / Osprey Publishing / 2008

Hittites et Louvites

- **The Hittites**
Fatih Cimok / A Turizm Yayinlari / 2011
- **The Hittites and their contemporaries in Asia Minor**
J. G. Macqueen / Thames § Hudson / 2013
- **Rediscovered Luwian hieroglyphic inscriptions**
Eberhard Zangger § Fred Woudhuizen / TALANTA 2018

Libye (Garamantes) :

- **The eastern libyans :** an essay
Oric Bates / Macmillan / 1914
- **Geology, archaeology and prehistory of the southwestern Fezzan, Libya**
W. H. Kanes, Editor   /   Petroleum exploration society of Libya   /   1969
- **Sahara jardin méconnu**
Pietro Laureano / Larousse / 1991
- **Les premiers Berbères :** Entre Méditerranée, Tassili et Nil
Malika Hachid / Edisud / 2000

Mythologie :

- **Hérodote : l'Enquête (Livres I à IX)**
  Folio Classique / 2001
- **Les mythes grecs**
  Robert Graves / Hachette Littératures, Pluriel / 2000
- **La mythologie : ses dieux, ses héros, ses légendes**
  Edith Hamilton / Marabout / 2001

<u>Revues :</u>

- **Archéologie Nouvelle n° 4 , mars 1994,** Louis Godart : une lecture définitive du disque de Phaistos

- **Les dossiers d'archéologie n° 195, juillet-aout 1994,** Les Mycéniens

- **Les cahiers de science et vie n° 70, aout 2002,** Dans les pas d'Homère… La Grèce au temps de Troie

- **Magazine littéraire n° 427, janvier 2004,** Homère, les métamorphose d'Ulysse

- **Les cahiers de science et vie , hors série, décembre 2008,** La Bible et ses peuples face aux archéologues

- **Historia spécial, janvier-février 2010,** Le monde d'Ulysse

- **Philosophie magazine, hors série n° 11,** L'Illiade et l'Odyssée, de la guerre perpétuelle au voyage initiatique

Articles sur internet :

Martial arts and materiality: a combat archaeology perspective on Aegean swords of the fifteenth and fourteenth centuries BC
Barry Molloy

Daidalos and Kothar : the future of their relationship
Sarah P. Morris

The Eastern Mediterranean Epic Tradition from *Bilgames and Akka* to the *Song of Release* to Homer's *Iliad*
Mary R. Bachvarova

Aegean Trade and Settlement in Anatolia in the Second Millennium B.C.
Christopher Mee

Mediterranean trade in biblical times
Peter Temin

Potnia Aswiya : Anatolian contributions to greek religion
Sarah P. Morris

New observations on the Mycenaeans " warrior goddess "
Paul Rehak

The Mycenaeans and the Black Sea
Stefan Hiller

The seascape in Aegean Prehistory
Giorgos Vavouranakis

The Vogelbarke of Medinet Habu
Kristin Romey

Les rapports de Chypre avec le monde extérieur au passage de l'age du bronze à l'age du fer
Valérie Cook

Aegean Bronze Age ship imagery regionalisms, a Minoan bias and a Thalasssocracy
Michael Wedde

Anatolia and the Aegean in the late bronze age
Christopher Mee

Sur la différenciation entre rêve et *parâ handandatar* dans les textes Hittites
Alice Mouton

Warriors of Hatti The rise and fall of the Hittites, Turkey's splendid Bronze Age civilization
Eric H. Cline

Sociolinguistics of the Luvian language
Ilyas Yakubovich

The invention of Luwian hieroglyphic script
Isabelle Klock-Fontanille

The storm-gods of the ancient near east
Daniel Schwemer

The West-Anatolian origins of the Que kingdom Dinasty
Anna Magherita Jasink – Mauro Marino

Chronica Asiae Minoris : Anotaciones preliminares para el estudio de las relaciones entre los Hittitas y sus vecinos occidentales
Juan Manuel Gonzales Salazar

Anatolian studies: Troy in recent perspective
D.F. Easton, J. D. Hawking, A.G. and E. S. Sheratt

Anatolian studies: Troy in clearer perspective
Dieter Hertel and Frank Kolb

Wilusa (Wilios/Troia) centre of a Hittite confederate in North-West Asia minor
Joachim Latacz

Ulysse, un héros proto-colonial ?. Un aspect de la question homérique
Claude Calame

L'Odyssée entre fiction poétique et manuel d'instructions nautiques.
Claude Calame

Apollon dans l'Illiade ou le protecteur des Troyens
Paul Wathelet

The Origin of the Etruscans
R.S.P. Beekes

The Ethnicity of the Sea Peoples
Frederik Christiaan Woudhuizen

Egyptians, Canaanites, and Philistines in the period of the emergence of Israel
Itamar Singer

Towards the image of Dagon, the god of the Philistines
Itamar Singer

Les restes humains des tombes philistines du cimetière d'Azor.
D. Ferembach

The mother(s) of all Philistines ? Aegean enthroned deities of the 12th – 11th century
Assaf Yassur-Landau